民国《孔子世家谱》撰修仪式的教育文化阐释

王喜旺　史连祥　著

 中国政法大学出版社

2024·北京

目　录

绪　论

一、选题缘由

本书选择对民国《孔子世家谱》撰修仪式进行教育文化阐释，主要基于以下两个方面的考虑：

（一）中华优秀传统文化继承与文化自信的现代性考虑

我国文化源远流长、璀璨夺目，每个历史时期都具有独特的文化"拟子"[1]和发展轨迹，因而形成了多样的文化。中国传统文化是历史的结晶，是中华民族在中国古代社会形成和发展起来的比较稳定的文化形态。但它并不只是博物馆里的陈列品，而是活着的生命，传统文化所蕴含的代代相传的思维方式、价值观念、行为准则，具有强烈的历史性、遗传性和变异性。中国传统文化是中国文化的主体部分，也是我们从先辈传承下来的丰厚的历史遗产。它不仅记录了中华民族和中国文化发生、演化的历史，而且作为世代相传的思维方式、价值观念、行为准则、风俗习惯，渗透在每个中国人的血脉中，制约着今日之

---

[1]　韦森：《文化与制序》，上海人民出版社 2003 年版，第 61 页。

中国人的行为方式和思想方式。这些文化又和当时的自然环境、社会环境息息相关，通过解释传统文化，分析其中的文化教化、社会心理、人格塑造等多层次的意义结构，"可以为人们认识和改造世界提供有益启迪，可以为治国理政提供有益启示，也可以为道德建设提供有益启发"[1]，具有"永不褪色"的时代价值。

　　然而在现代化进程中，文化同质化的力量日益强大。随着时代的发展，现代文化呈现出多元化趋势，对我国传统文化带来巨大冲击。在这种社会语境中，如何保护和传承本民族优秀传统文化就成为我们不得不面对和思考的问题。"无论是继承还是发展，对于传统文化，我们最好让它保持'某种天性'。学传统文化，就要学其精神。"[2]尤其是党的十八大以来，习近平总书记对中国传统文化作了系列论述。强调文化自信，主要是对中国文化，特别是优秀传统文化的自信。因此，我们需要深刻认识中华传统文化的丰厚底蕴，以实现对中华民族的文化自信和文化认同。而教育实践证明，在优秀传统文化的传承中，学校教育并非唯一途径。家庭教育、学校教育、社会教育相结合，才是最有效的方式。笔者将目光投向民间教化仪式之上，在"原始明见世界"中的文化系统及其诸要素的复杂机制作用中，立足于地方性知识，解释修谱仪式这一传统文化中所具有的深

---

　　〔1〕　秦哲、丰志刚：《习近平同志的治国理政思想的民族气质、中国特质与世界品质》，载《红旗文稿》2017 年第 4 期。

　　〔2〕　楼宇烈：《继承传统文化不要轰轰烈烈 而要不绝如缕》，载 http://news.sina. com. cn/o/2018-05-30/doc-ihcffhsv4387313. shtml。

刻教育内涵。

（二）修谱仪式活动中蕴含着中国教育传统的基因

族谱，又称"家谱""家乘""谱牒""宗谱"等，是"记述血缘集团世系的载体"[1]，具有区分家族成员血缘关系亲疏远近的作用，是中国封建宗法制度的产物。中国家谱编修有五千多年的历史，王鹤鸣将其发展沿革划分为起源、诞生、兴盛、转型、完善、普及和新修七个阶段[2]。从母系氏族社会到商代，出现了中国最原始的口传家谱和结绳家谱。口传家谱和结绳家谱关系到家族后代子孙的健康繁殖，具有"保佑子孙繁衍、人口平安"的作用。从周代到唐代，家谱主要承担着社会政治功能。周代实施宗法制，建立了一套完整的史官修谱制度，以明血缘关系的亲疏。魏晋南北朝时期，实行九品中正制，家世门第成为铨选官吏的依据。"有司选举、必稽谱籍，而考其真伪"[3]，因此，编修家谱承担了选拔官吏的重要政治作用，是世家大族垄断仕途的重要工具。宋元明清时期，家谱对社会的作用转向了伦理、教化功能。宋代，编修家谱出现了重大变革，主要表现在两个方面：第一，编修宗旨，由魏晋南北朝时期的政治功能，转向为"尊祖、敬宗、收族"与"尊尊亲亲之道"的道德教化功能。第二，编修形式，家谱完全变为私人编修。

---

〔1〕　王鹤鸣：《中国家谱通论》，上海古籍出版社 2010 年版，第 4 页。

〔2〕　王鹤鸣：《中国家谱通论》，上海古籍出版社 2010 年版，第 12 页。

〔3〕　（宋）欧阳修、宋祁撰：《新唐书》（第 18 册），中华书局 1975 年版，第 5677 页。

明代，编修家谱的体例、内容已基本成熟，并确立了以朱熹"三纲五常"为核心的道德伦理作为修谱的指导思想。清代编修家谱的活动普及到全国各地，继承明代的"三纲五常"伦理，积极倡导民间修谱。清代及民国时期，编修家谱数量极多、内容更丰厚，几乎成为"全民性的一项文化风俗"〔1〕。

习近平总书记强调，中华民族在几千年历史中创造和延续的中华优秀传统文化，积淀着民族最深沉的精神追求，蕴含着民族最根本的思想基因，是中华民族的"根"和"魂"。〔2〕族谱撰修活动，作为一以贯之的文化行为，其中也必然存在教育上的基因，才得以流传数千年而不衰没；更承担着文化传承的媒介职能，发挥着重要的文化、教育和社会功能。特别是宋代以降，族谱编修赋予了浓厚的儒家思想。因而，修谱活动作为人类智慧的结晶，折射出了历史的、文化的、社会的、心理的内涵意蕴，体现出了一定的社会文化模式、礼仪伦常制度和社会心理结构等。正因如此，近几十年，有识之士在民间自发兴起了一股编修家谱的热潮。如 2009 年 9 月 24 日，山东曲阜隆重举行《孔子世家谱》续修告成颁谱大典仪式。孔府大修族谱，实历时 13 年。孔子家谱不仅记录一个家族的变迁和历史，更承载着传承中华传统文化的重任。家谱的编修，是华夏儿女的根系所在，也是精神故乡归依所在。

---

〔1〕 王鹤鸣：《中国家谱通论》，上海古籍出版社 2010 年版，第 16 页。
〔2〕 康琼：《传承中华优秀传统文化 树立社会主义文化自信》，载《光明日报》2018 年 8 月 31 日，第 6 版。

克利福德·格尔茨（Clifford Geertz，另译为格尔兹）在《文化的解释》中讲道："我所采纳的文化概念在本质上属于符号学的文化概念，以下的论说文试图表明它的效用。我与马克斯·韦伯一样，认为人是悬挂在由他们自己编织的意义之网上的动物，我把文化看作这张网，因而认为文化的分析不是一种探索规律的实验科学，而是一种探索意义的阐释性科学。我追求的是阐释，阐释表面上神秘莫测的社会表达方式。"[1]因此，笔者对民国《孔子世家谱》撰修仪式的研究并未停留在浅层描写，而是致力于挖掘并解释其深层的教育内涵和意义，努力探求其中的基因脉络所在。作为传统文化的重要组成部分，民国《孔子世家谱》撰修仪式活动一系列象征符号向社会展现了一个意义体系。

民国《孔子世家谱》撰修仪式活动所凝聚的丰富文化内涵是民族文化传统、民族教育传统、中华传统美德的宝贵资源。但到目前为止，以"深描"象征体系这一独特视角来观照民国《孔子世家谱》撰修仪式活动几乎没有。从教育学的视角对修谱仪式活动进行研究的也比较少见。因此，笔者选取民间文化之一的民国《孔子世家谱》撰修仪式为个案，通过自己的努力，以文化人类学流派之一的解释人类学理论为框架，从教育学的视角出发，力求系统、全面、深入地研究。

---

〔1〕［美］克利福德·格尔兹：《文化的解释》，纳日碧力戈等译，王铭铭校，上海人民出版社 1999 年版，第 5 页。

二、研究意义

本书研究意义可以分为理论和实践两个层面：

（一）理论意义

对丰富和拓展中国教育史研究内容有一定的贡献。把族谱撰修这一仪式活动作为一种象征符号体系，透视民间大众特有的生活方式、精神价值、思维方式和文化意识，解释这些观念体系对孔府族人的情感、性格、态度、气质等方面潜移默化的塑造作用。通过对民国《孔子世家谱》撰修仪式活动的研究，可以为中国教育史在民间仪式教化的研究上提供一些补充。

对研究新视角的开拓有一定的意义。关于孔子的研究成果很多，孔府文化的研究成果也有不少，但是很少人从事民国《孔子世家谱》撰修仪式活动教育蕴含的研究，尤其是从教育史的角度，尚未见成例。这对于完整地认识民国《孔子世家谱》撰修仪式活动所存在的教化意义具有一定的缺陷。本书试图借鉴教育人类学的理论和方法，通过对民国《孔子世家谱》撰修仪式活动的"深描"，深层挖掘其中蕴含的教育意义结构。

深化拓宽教育与文化研究的路径。教育与文化研究无疑是当代教育史学科研究方向前沿，但面临着弱化教育研究的风险，更多地侧重在社会和文化分析。本书从民国《孔子世家谱》撰修仪式这一民间文化现象，进行微观考察，力图实现教育学、心理学、文化学、社会学、人类学的跨学科研究，凸显教育意识，强化在教育层面的关注：以教育问题为核心，使研究范式紧紧围绕它服务。

（二）实践意义

对我国当代教育实践与优秀传统文化继承具有较大的借鉴和启发意义。毋庸置疑，我们对民国《孔子世家谱》撰修仪式这一文化现象进行教育意义的解释，有利于拓展教育工作者对学生进行传统文化教育和道德教育的多元化途径。

三、研究动态综述

把修谱仪式作为一种文化行为进行教育学层面的专门研究的专著和论文至今还没有，这也是研究该选题的动因之一。但与本选题某些方面的内容相关或相近的研究则为数不少，这些研究文献大致可以分为修谱、传统教育两个方面。下面通过综述这两个维度，并使之建构成一个支架，力图最终将这个支架的交点共同指向修谱仪式的教育学层面分析的价值所在，以说明打通民俗学、文化学、历史学、人类学、教育学之间联系的可能性。

（一）关于修谱的研究

1. 修谱目的

元代族谱撰修多以政治目的为主。[1]明清以来，修谱最大

---

〔1〕　赛颖颖：《元代族谱撰修研究》，西北大学 2020 年硕士学位论文。

的目的在于聚宗收族。[1]牛玉瑛在《浅析撰修家谱目的》[2]一文中不仅分析了先人撰修家谱目的，即溯源追根、辨析亲疏、凝聚族人、教育后人等，还分析了在新的形势下，今人撰修新家谱的目的：铭流、兴家、育人。此外，还有部分学者以个案研究法探究了修谱目的。如吴佩林指出孔氏族人民国合修《孔子世家谱》是其在外力冲击下为确保其优渥地位的一次自救行为。[3]丁慧倩从中华民族交流史的角度探讨了明清时期回族族谱的编纂动机、方式、目的以及精神和价值观念基础。[4]黄小朋借用符号权力理论阐释了 W 村黄氏的族谱撰修活动，指出族谱撰修实质上反映了社会解组问题。[5]

2. 修谱体例、内容及特征

于海燕在《民国时期江苏家谱纂修研究》[6]一文中，通过解读民国时期江苏省家谱编纂概况，展现了民国时期江苏省的社会生活面貌。王良在《明清徽州谱牒编纂的宗旨、原则和方法》[7]中论述了明清时期徽州宗族编纂族谱的目的、基本原则及

---

〔1〕 冯尔康：《宗族不断编修族谱的特点及其原因——以清朝人修谱为例》，载《淮阴师范学院学报（哲学社会科学版）》2009 年第 5 期。

〔2〕 牛玉瑛：《浅析撰修家谱目的》，载《沧桑》2008 年第 1 期。

〔3〕 吴佩林、邓利平：《内生还是外力？——民国合修〈孔子世家谱〉原因分析》，载《史学月刊》2021 年第 8 期。

〔4〕 丁慧倩：《从明清时期回族族谱修撰看回汉文化交融》，载《中央民族大学学报（哲学社会科学版）》2022 年第 4 期。

〔5〕 黄小朋：《符号权力与秩序生产——转型时期的族谱建构与实践》，武汉大学 2020 年硕士学位论文。

〔6〕 于海燕：《民国时期江苏家谱纂修研究》，扬州大学 2016 年博士学位论文。

〔7〕 王良：《明清徽州谱牒编纂的宗旨、原则和方法》，安徽大学 2011 年硕士学位论文。

常见的重要问题。吕春阳的《明代徽州家谱内容与体例研究》〔1〕
以万历时期纂修的《休宁范氏族谱》和崇祯时期纂修的《临溪
吴氏宗谱》为例，深入探究这两部家谱中体现出来的明修徽州
家谱内容和体例的创新之处。何水生在《当代中国家谱编修创
新研究》〔2〕中探究了当代中国家谱撰修在内容、体例和形式等
方面的创新点。朱严的《清代徽州家谱设计研究》〔3〕从设计学
的角度，挖掘了清代徽州家谱的设计思想、设计准则及设计元
素。宁翔在《家谱的版本编排研究》〔4〕中重点研究了明清时期
家谱插图的编排问题，旨在探寻家谱与中国传统文化之间的联
系。王浥露总结了科班家谱编撰中存在的问题，并以《德云家
谱》为例，结合实际做了编撰思路的整理。〔5〕张振霞从数字化
的角度全面梳理了中国近二十年来家谱 APP 修谱的形成原因、
发展历程、发展现状和发展趋势。〔6〕

　　3. 修谱程序

　　钱杭和谢维扬共著的《传统与转型：江西泰和农村宗族形
态——一项社会人类学的研究》〔7〕，不仅详细描述了 20 世纪

---

　　〔1〕　吕春阳：《明代徽州家谱内容与体例研究》，安徽师范大学 2016 年硕士学
位论文。
　　〔2〕　何水生：《当代中国家谱编修创新研究》，宁波大学 2020 年硕士学位论文。
　　〔3〕　朱严：《清代徽州家谱设计研究》，苏州大学 2020 年硕士学位论文。
　　〔4〕　宁翔：《家谱的版本编排研究》，南京艺术学院 2021 年硕士学位论文。
　　〔5〕　王浥露：《戏剧科班家谱编撰研究》，上海师范大学 2021 年硕士学位论文。
　　〔6〕　张振霞：《中国近二十年来网上修谱历程考察》，宁波大学 2019 年硕士学
位论文。
　　〔7〕　钱杭、谢维扬：《传统与转型：江西泰和农村宗族形态——一项社会人类
学的研究》，上海社会科学院出版社 1995 年版。

80 年代后江西泰和的农村社会的一系列宗族活动，还用一个章节来叙写梅冈王氏族谱的重修历程，生动地还原了整个重修过程，既呈现了地方性，也展示了当下农村族谱撰修的一般模式。陈支平的《福建族谱》[1]对福建族谱编修的历程进行考察，分析出当代社会的许多家族冲破以纯洁血缘传承为核心的修纂原则，不仅没有瓦解家族制度，反而维系了家族与社会的正常运转，使家族制度不断适应时代的变化经久不衰。高文豪在《河南新修家谱初探》[2]细致分析了河南新修家谱的编修过程。

4. 修谱功能

族谱撰修具有聚族、睦宗的功能。在《仪式与象征的秩序——一个客家村落的历史、权力与记忆》[3]中，刘晓春是从仪式与权力的角度来分析修谱的。作者指出修谱是集家族综合力量完成的一件神圣大事，家谱的修撰往往是家族力量的一次直接展示。常建华在《晚明华北宗族与族谱的再造——以山东青州〈重修邢氏宗谱〉为例》[4]一文中，考察了山东青州《重修邢氏宗谱》，认为邢氏的修谱行为不仅着眼于睦族，而且族谱本身也成为重要的民间文献。喻秀梅的《家谱编纂与价值建构——基于清代民国巴蜀部分家谱的考察》在梳理 80 种清代、民国巴蜀家谱的基础上，认为编纂者存在着个体教化、敬宗收

---

〔1〕　陈支平：《福建族谱》，福建人民出版社 1996 年版。

〔2〕　高文豪：《河南新修家谱初探》，郑州大学 2020 年硕士学位论文。

〔3〕　刘晓春：《仪式与象征的秩序——一个客家村落的历史、权力与记忆》，商务印书馆 2003 年版。

〔4〕　常建华：《晚明华北宗族与族谱的再造——以山东青州〈重修邢氏宗谱〉为例》，载《安徽史学》2012 年第 1 期。

族、文化自觉三种意识。家谱编纂对个体具有生命传承的教化意义，可以增进家族组织的认同感和归属感。[1]霍晓丽在《历史记忆与中华民族共同体意识的生成：以湘西苗族家谱建构为例的讨论》一文中认为从历史记忆的视角来看，湘西苗族家谱的撰修反映出其作为中华民族共同体意识形成的历程。[2]但黄敬斌通过分析《稚川族谱》的撰修历程，发现族谱中祖先源流和分支世系叙述的部分不尽翔实，并未建构出家族的内在凝聚力。[3]这说明，族谱撰修时也不乏功利之心渗透其间的。如王振忠在《民国时期徽州宗族的修谱、理主活动——以歙县南乡东源张叙伦祠文书为例》中指出，在族谱撰修过程中，在温情脉脉的宗情族谊背后，也存在着宗族成员之间诸多利益的斗争。[4]常建华在《明代浙江族谱研究》一文中分析明初、明中后期浙江族谱撰修的特点，认为明代浙江人修谱求真不诬祖、有攀附作伪的迹象。[5]

族谱撰修还具有兴伦理的功能。葛政委在《当下宗族话语

〔1〕　喻秀梅：《家谱编纂与价值建构——基于清代民国巴蜀部分家谱的考察》，四川师范大学2022年硕士学位论文。

〔2〕　霍晓丽：《历史记忆与中华民族共同体意识的生成：以湘西苗族家谱建构为例的讨论》，载《西南民族大学学报（人文社会科学版）》2021年第12期。

〔3〕　黄敬斌：《清代秀水葛氏的族谱编纂与宗族构建——上海图书馆藏稿本〈稚川族谱〉研究》，载《复旦学报（社会科学版）》2020年第4期。

〔4〕　王振忠：《民国时期徽州宗族的修谱、理主活动——以歙县南乡东源张叙伦祠文书为例》，载《安徽大学学报（哲学社会科学版）》2022年第3期。

〔5〕　常建华：《明代浙江族谱研究》，载《学术界》2023年第5期。

权的表达方式——关于荷叶镇建祠修谱的人类学考察》[1]中，指出族谱修缮、兴建祠堂的产生机制是传统伦理与政府追逐功利的互动。族谱撰修是传统伦理道德的恢复和再现的一种手段。

族谱撰修也有利于学术文化的促进与提高。晏庆波以河湟《李氏家谱》的撰修历史为研究对象，阐述了家谱在社会史研究、民俗文化研究及地方文学研究等方面的文献价值。[2]丛鑫认为现时谱牒编撰与出版在推进家庭教育、助力学术研究、开发文创旅游、促进资源整合、发扬乡邦文化等方面具有积极作用。[3]赛颖颖也指出元代族谱撰修体例较欧苏谱法更加充实，撰修群体一般为儒士群体，是儒士群体在地方社会进行理学实践的重要途径。[4]

族谱撰修在继承传统同时，也存在着一些异变。如朱妍、林盼在《宗族修谱活动中的代际分化与青年人的利益诉求》[5]中考察了东南某省郭氏宗族在 20 世纪八九十年代的族谱重修活动，通过分析郭氏书信资料，发现宗族成员在修谱过程中的观念呈现出明显的代际分化。朱丽君的《统修族谱：一个北方家

---

〔1〕 黄柏权、葛政委：《当下宗族话语权的表达方式——关于荷叶镇建祠修谱的人类学考察》，载《黑龙江民族丛刊》2010 年第 3 期。

〔2〕 晏庆波：《青海河湟〈李氏家谱〉研究》，青海师范大学 2020 年硕士学位论文。

〔3〕 丛鑫：《现时谱牒的编撰与出版研究》，青岛科技大学 2020 年硕士学位论文。

〔4〕 赛颖颖：《元代族谱撰修研究》，西北大学 2020 年硕士学位论文。

〔5〕 朱妍、林盼：《宗族修谱活动中的代际分化与青年人的利益诉求》，载《青年研究》2016 年第 6 期。

族的宗族意识与当代重建》阐释了当代南沟周氏的统修族谱行动，认为北方地区总足以使有别于南方宗族的独特表达方式。[1]

（二）有关民国孔府文化研究

在《社会变迁与文化选择——近代山东的孔氏家族》[2]中，赵兴胜注重孔府家族文化活动的研究，对近代孔氏家族的生存环境、维护家族利益的措施、对中西文化选择的心态等方面进行了梳理，指出孔氏家族大部分成员对新文化的认同具有前瞻性。杜婷婷通过检视孔府旧藏文物中有关孔德成与戴季陶交往的相关文物、档案，梳理了民国时期孔府尊孔崇儒的历史。[3]李先明的《衍圣公府与民初〈崇圣典例〉修订始末》深度描述了民初《崇圣典例》的修订过程，揭示了衍圣公府在变局中维系自身利益的策略和能动性，同时也折射出旧有文化制度实现现代化转型的艰难程度。[4]

陈霞在《从孔府档案看衍圣公的日常生活及孔府衰落的原因》[5]一文通过对衍圣公政治、精神和娱乐两个方面的日常生

〔1〕朱丽君：《统修族谱：一个北方家族的宗族意识与当代重建》，载《河北学刊》2019年第5期。

〔2〕赵兴胜：《社会变迁与文化选择——近代山东的孔氏家族》，载《山东大学学报（哲学社会科学版）》2001年第5期。

〔3〕杜婷婷：《从孔府旧藏文物看民国时期尊孔崇儒的历史——以孔德成与戴季陶的交往为主线》，载《文物天地》2023年第8期。

〔4〕李先明：《衍圣公府与民初〈崇圣典例〉修订始末》，载《近代史研究》2021年第5期。

〔5〕陈霞：《从孔府档案看衍圣公的日常生活及孔府衰落的原因》，曲阜师范大学2016年硕士学位论文。

活进行梳理。杨宪武在《孔府饮食文化研究》[1]一文中，着重分析孔府饮食的形成和发展，孔府饮食形成的决定因素和文化内涵，孔府饮食发展现状及存在的问题。李生柱在《礼与俗：多元互动中的孔府年节》[2]一文中，以孔府年节习俗为研究对象，基于田野考察与相关文献资料，系统梳理了孔府年节的内容，指出孔府年俗与周边乡土社会年俗之间有着密切的互动关系，体现了显著的礼俗互动的特征。杨素花和吴佩林在《孔府的新年食俗：一个多元建构的"礼仪标签"》一文中认为，孔府的新年食俗一方面构筑起儒家教化的心理认同，另一方面促进了礼俗互动的双向调适。这既是地方群体微观生活的民俗缩影，也是传统社会礼俗通约的时代注脚。[3]

　　虽然以往关于孔府的研究成果具体探讨某个时段的多，但值得注意的是，孔祥林等著的《孔府文化研究》[4]对孔府进行了全面的、系统考察。它以山东四大文化家族之首——曲阜孔氏家族为研究中心，运用历史学、文化人类学、社会学、政治学、民俗学等学科研究手段和方法，越过王朝更迭和政权交替，主要论述了儒家文化的源流与演变，并从家族的角度考察了思想与社会的互动关系。

---

　　〔1〕　杨宪武：《孔府饮食文化研究》，华中师范大学 2012 年硕士学位论文。

　　〔2〕　李生柱：《礼与俗：多元互动中的孔府年节》，载《山东省民俗学会 2012 年学术年会论文集》2012 年。

　　〔3〕　杨素花、吴佩林：《孔府的新年食俗：一个多元建构的"礼仪标签"》，载《民俗研究》2023 年第 5 期。

　　〔4〕　孔祥林、管蕾、房伟：《孔府文化研究》，中华书局 2013 年版。

（三）有关传统教育的研究

近年来，许多中西方有识之士，将目光转向了中国传统文化和传统教育，希望从中重新获得灵感和启示。

1. 对传统教育本身的研究

（1）传统教育的内涵。观诸文献，学者们较多地从横向维度对传统教育进行了研究。余世谦的《中国传统教育思想探要》[1]、顾冠华的《师道·师责·师谊——中国传统教育中的教师》[2]和《师德与师质：中国传统教育中教师的标准和要求》[3]、杨鑫辉和汪凤炎的《中国传统教育的理念探讨》[4]、黄济和郭齐家的《中国教育传统与教育现代化基本问题研究》[5]、顾明远的《中国教育的文化基础》[6]、严元章的《中国教育思想源流》[7]、汤海燕的《成人之道：中国传统礼仪及其道德教育功能研究》[8]、焦国成的《中国传统教育伦理理念及其主要话语》[9]、

［1］余世谦：《中国传统教育思想探要》，载《复旦教育》1992年第1期。

［2］顾冠华：《师道·师责·师谊——中国传统教育中的教师》，载《辽宁高等教育研究》1998年第5期。

［3］顾冠华：《师德与师质：中国传统教育中教师的标准和要求》，载《黑龙江高教研究》1998年第6期。

［4］杨鑫辉、汪凤炎：《中国传统教育的理念探讨》，载《江西教育科研》1998年第3期。

［5］黄济、郭齐家主编：《中国教育传统与教育现代化基本问题研究》，北京师范大学出版社2003年版。

［6］顾明远：《中国教育的文化基础》，山西教育出版社2004年版。

［7］严元章：《中国教育思想源流》，广东教育出版社2012年版。

［8］汤海艳：《成人之道：中国传统礼仪及其道德教育功能研究》，南京大学出版社2015年版。

［9］焦国成：《中国传统教育伦理理念及其主要话语》，载《江西师范大学学报（哲学社会科学版）》2018年第1期。

程天明和王义德的《传统教育仪式的作用机理及当代启示》[1]、李成晴的《日课一文：中国传统教育中的日程写作》[2]、俞启定的《晚清中国近代教育形成动因和线索》[3]各从教育作用、教育目的、教育对象、教育内容、教学方法、学习方法、教学原则、道德教育、师生观等方面详尽论述了中国传统教育思想。

（2）中国传统教育哲学的研究。于述胜、于建福的《中国传统教育哲学》[4]、郭齐家的《中国传统教育哲学与全球伦理》[5]和吴亚林、王学的《中国传统教育哲学的精神气象》[6]均探讨了中国传统教育哲学的基本特征和基本范畴，但注意点不同。郭齐家是通过对中国传统教育哲学的观念和思考教育问题的方式及其教育价值观的透视来进行审视的，而于述胜与吴亚林则侧重中国传统教育哲学的精神气象的研究。于超、于建福在《合"自然"与"当然"为一的中国传统教育哲学》[7]中从儒、道教育哲学出发，认为二者同源异流，共铸了"自当一

---

〔1〕 程天明、王义德：《传统教育仪式的作用机理及当代启示》，载《齐齐哈尔大学学报（哲学社会科学版）》2023年第5期。

〔2〕 李成晴：《日课一文：中国传统教育中的日程写作》，载《现代大学教育》2021年第1期。

〔3〕 俞启定：《晚清中国近代教育形成动因和线索》，载《教育研究》2021年第6期。

〔4〕 于述胜、于建福：《中国传统教育哲学》，江苏教育出版社1996年版。

〔5〕 郭齐家：《中国传统教育哲学与全球伦理》，载《教育研究》2000年第11期。

〔6〕 吴亚林、王学：《中国传统教育哲学的精神气象》，载《教育研究与实验》2016年第1期。

〔7〕 于超、于建福：《合"自然"与"当然"为一的中国传统教育哲学》，载《教育研究》2017年第3期。

体"为根基的中国传统教育哲学，并将此融入教育哲学理论建构中，已成为构建"中国特色、中国风格、中国气派"的教育哲学的当然使命。中国传统教育哲学研究既需要继承经典诠释传统，也需要与现有的主流学术理论进行对话沟通。[1]同时应建构起整体论导向的研究框架，追求概念"意义场"的连通，最终在传统思想中寻求当代教育问题解决的方法。[2]

2. 传统教育的现代审视

（1）传统教育与现代化的研究。中国传统教育现代化是中国教育一个世纪以来始终面对的问题。在这样的背景下，有的学者对传统教育的现代化提出了应对策略。如裴娣娜在《中国传统教育现代化发展的方法论思考》[3]中认为当代中国教育的现代化，首要问题在于方法论的科学化问题，即传统教育的继承改造中需要解决的认识方法、研究方法和思想方法等。王炳照在《二重性·两点论·双重任务——略论中国传统教育与现代化》[4]中指出，要坚持两点论，担负起现代化赋予传统教育研究的双重任务。还有些学者对传统教育变革的现代命运作了探讨。如丁钢的《略论教育传统与变革》[5]，杨东平的《中国

---

〔1〕刘峻杉：《中国传统教育哲学的研究方法论探讨》，载《教育学报》2021年第6期。

〔2〕熊芹菁：《中国传统教育哲学研究方法的反思与建构》，载《中国教育科学（中英文）》2022年第6期。

〔3〕裴娣娜：《中国传统教育现代化发展的方法论思考》，载《北京师范大学学报（社会科学版）》1995年第5期。

〔4〕王炳照：《二重性·两点论·双重任务——略论中国传统教育与现代化》，载《北京师范大学学报（社会科学版）》1995年第5期。

〔5〕丁钢：《略论教育传统与变革》，载《中国教育学刊》1992年第2期。

传统教育的现代命运》[1]，胡金平的《教育传统：教育现代化无法割断的联系》[2]，田正平的《调适与转型：传统教育变革的重构与想象》[3]，杜成宪的《中国传统教育的现代意义》[4]等。陶晓华和方宏建在"第二个结合"视域下探讨了马克思主义理论与传统教育思想的逻辑契合性。[5]

（2）传统教育的现代启示意义。学界主要围绕着传统教育的优秀成果进行研究。毕天璋在《右脑开发与中国传统教育》[6]中认为，认真挖掘中国传统教育，是开发右脑方面的行之有效的途径和方法。徐秋玲在《中国传统教育思想对现代大学理念的影响研究》[7]指出中国传统教育所具有的教育目标明确、德育第一、强调内省等三个特点对现代大学理念影响深远。当然，还有学者认为传统教育会对当代社会带来不利影响。如李文锦和王俊山在《中国传统教育对职业教育的消极影响》[8]一文中

〔1〕 杨东平：《中国传统教育的现代命运》，载《清华大学教育研究》1999 年第 2 期。

〔2〕 胡金平：《教育传统：教育现代化无法割断的联系》，载《华东师范大学学报（教育科学版）》2001 年第 2 期。

〔3〕 田正平：《调适与转型：传统教育变革的重构与想象》，人民教育出版社 2016 年版。

〔4〕 杜成宪：《中国传统教育的现代意义》，载《人民教育》2018 年第 22 期。

〔5〕 陶晓华、方宏建：《"第二个结合"视域下传统教育思想"两创"新实践》，载《人民论坛》2023 年第 16 期。

〔6〕 毕天璋：《右脑开发与中国传统教育》，载《河南社会科学》1997 年第 1 期。

〔7〕 徐秋玲：《中国传统教育思想对现代大学理念的影响研究》，广西师范大学 2011 年硕士学位论文。

〔8〕 李文锦、王俊山：《中国传统教育对职业教育的消极影响》，载《教育理论与实践》2009 年第 12 期。

便指出，中国传统教育主要通过其人才观、价值取向、人才结构培养体系、传统教育内容等方面对职业教育产生消极影响。

3. 革命传统教育研究

革命传统教育对培养时代新人有重要作用[1]，应重点从加强主体建设、拓展教育空间、创新教育模式三个维度着力提升高校革命传统教育实效性[2]。增强新时代高校革命传统教育的实效性，是提升高校学生思想道德修养及政治意识的最佳途径。[3]对青年大学生开展革命传统教育的必要性越来越突出，有学者从国家、高校、教师和学生四个层面对强化新时代青年大学生革命传统教育路径进行探索。[4]应加强大学生革命传统教育[5]，在思想道德修养与法律基础课的教学中突出中国革命传统精神教育[6]，也可以通过丰富革命传统教育形式、挖掘革命传统教育资源、活化革命传统教育内容等途径，厚植学生政治认同。[7]在数字化时代，应构建"互联网+革命传统教育"的育人模式，

---

〔1〕　李清朋：《革命传统教育巧落实》，载《思想政治课教学》2023 年第 1 期。

〔2〕　刘应：《新时代提升高校革命传统教育实效性的三维审视》，载《理论与当代》2023 年第 4 期。

〔3〕　张希琼、袁泓：《新时代提升高校革命传统教育实效性的路径探析》，载《现代职业教育》2021 年第 20 期。

〔4〕　丁先美、黄先伟、马彩虹：《浅谈"课程思政"理念下高校革命传统教育路径研究》，载《大学》2023 年第 24 期。

〔5〕　郑凯、赵海月：《加强大学生革命传统教育的理性思考》，载《中国高等教育》2021 年第 Z3 期。

〔6〕　汤丽芳：《基于思想道德修养与法律基础课的中国革命传统精神教育路径》，载《黑龙江教育（高教研究与评估）》2014 年第 9 期。

〔7〕　韩明山：《在革命传统教育中厚植政治认同》，载《中学政治教学参考》2023 年第 10 期。

助推大学生革命传统教育在自媒体时代的成功转型。[1]在中小学学科教学上，统编小学语文教科书高度重视革命传统的表达[2]，体育教科书编写可以从政治、历史、精神三个维度综合组构革命传统内容[3]，历史学科可以从项目化学习的视角建构前期设计、持续探究和多元评价三个维度的教学路径，为实施革命传统教育提供实践范例[4]。

（四）总结

1. 修谱研究方面

从上面的综述，我们可以看到目前的修谱研究概况，涉及修谱目的、修谱体例、修谱程序、修谱功能等四个方面。众多学者对于有关修谱的研究成果众多，研究层面广阔。若对这些研究成果进行抽丝剥茧、概括总结，便不难发现有以下几个特点：

第一，从研究内容来看，多是对历史上的族谱编修进行宏观研究。修谱文化、活动仪式的探讨是学界的薄弱环节，成果基本很少，少有的几篇论著也大都进行着静态的描述。尤其是民国《孔子世家谱》撰修仪式的研究，以动态视角在活动仪式

〔1〕 檀江林、王帅：《自媒体时代大学生革命传统教育现状与对策探析——基于全国 62 所高校的抽样调查》，载《当代教育科学》2016 年第 15 期。

〔2〕 朱东阳、王攀峰、高湘平：《统编小学语文教科书中革命传统教育要素的分布与呈现》，载《北京教育学院学报》2023 年第 3 期。

〔3〕 陶恩海、程传银：《体育教科书中革命传统的书写：现实样态、内容构建与未来路向》，载《武汉体育学院学报》2022 年第 9 期。

〔4〕 赵华栋、郑流爱：《以项目化学习实施革命传统教育的历史教学探索》，载《教学与管理》2023 年第 10 期。

过程中深入描述、解释教育文化内涵，几乎尚未得见。

第二，从研究视角来看，从民俗学、历史学、人类学、社会学、档案学的角度对修谱进行研究的较多。学者多是对修谱进行历史还原、文献解读和档案整理，并描述家族迁移史、家族发展史等。在此视角下，观照到修谱与国家、地方、民众、家族的功能互涉上，继而进行综合性研究。从教育学角度研究，目前仅见一篇学位论文，研究视角更多地放在了族谱的文献解读上。

第三，从研究地域来看，多偏重华北、华东、华南等宗族聚居地带的研究。另外也有潮汕移民、洪洞县大槐树传说移民成为族谱研究的另一种形式。

第四，从研究取向来看，学者在研究修谱时，往往侧重于概括描述修谱行为的过程，继而将修谱置于历史大背景之中。将族谱从"仪式与象征"方面进行解读的几乎没有。作为一种传统文化的修谱仪式，本身就需要进行修谱仪式的文化层面解读。开掘修谱仪式中蕴含的丰富、有趣的教育意义结构，并深入解释修谱仪式背后的教育基因的研究更属空白。

第五，从研究原则来看，就目前所搜集文献，主位研究与客位研究尚未很好地结合起来，主要集中在客位研究之上。未能运用"文化持有者的内部眼界"的原则进行文本的对话和交流，形成对文本的"理解的理解"与"解释的解释"。

2. 民国孔府研究方面

从目前研究成果来看，民国孔府的研究比较薄弱。孔府文化首屈一指，应是民国孔府研究的核心区域。尽管孔府文化研究的几篇文献以论文为主，代表着一定的当前热点问题，具有一定的学术水平，但没有聚焦到民国时期，大都是对各时期的日常生活、礼俗活动等文化进行的传统宏大叙事研究。这说明，民国孔府相关内容的研究较为单一、零散，相当成果偏重"以事论事"，没有将孔府与时代背景联系在一起。因之，缺乏对相关文化、人物、事件的深刻解读。如"子见南子"事件有关的研究成果较多，众说纷纭，争议颇大。孔府饮食文化、相关人物的研究，亦是学者浓墨重彩的地方，但仅止于浅层介绍而已。究其原因，大概在于目前学者尚未对作为一手资料的孔府馆藏民国档案真正重视与充分利用、挖掘。因此，部分学者学术视野较狭隘，研究重复，前瞻性成果匮乏，呈现出碎片化的倾向。这些是与孔府及孔府档案所蕴含的丰富价值不相适宜的。

3. 传统教育研究方面

通过上面的文献综述可以看出，近三十年来，中国传统教育一直是教育学界的研究热点之一。学界一直在努力探究、建构传统教育体系，这一过程仍将继续。

从研究内容来看，学界对中国传统教育的研究范围比较广泛，成果颇多。既有从古至今的历史梳理，也有成教育系统的综合分析；既有对传统教育的认同，也有对消极落后的批判；既有对传统教育的回眸，也有对传统教育的现代审视。

然而，从研究领域来看，目前学者多在中国传统教育的本体层面进行考查。从民族心理、民族文化、民族精神等方面对中国传统教育的研究仍有待深入。我们不仅需要知道传统教育"是什么"，更应该深入探究传统教育"何以可能"的问题，即努力挖掘传统教育的深层次结构。这才是我们最为需要关怀的"神"和"根"。

以上的分析，从修谱、民国孔府文化、中国传统教育三个维度出发，力图说明本研究选题的可能性。如同数学三维坐标系一样，这三个维度构成了一个三维坐标系（如图0-1），三维坐标系的原点便是本书的研究对象——民国《孔子世家谱》撰修仪式。在对这三个维度的文献进行梳理、分析时，发现其中尚有亟待完善之处，这正为本研究提供了切入点。

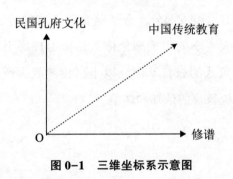

图0-1 三维坐标系示意图

纵观三个维度的成果综述与分析，可以发现一个共存特征：缺乏文化、心理、生命、教育深层次结构层面上的观照。民国《孔子世家谱》撰修仪式作为这个三维坐标系的原点，首先在于打通了民俗学、教育学、文化学之间的联系。本书将作为一种民俗行为的修谱仪式作为研究对象，站在文化人类学及文化学的观点和视野下，以"仪式和象征"的角度深入解释民国《孔子世家谱》撰修仪式背后蕴含的深刻的教育意义结构。其次，在于填补三个维度的空白。民国《孔子世家谱》撰修仪式的教育文化层面解释，正是撰写本书的意图所在。这对修谱研究来说，将修谱仪式作为一种文化现象，通过深描仪式空间、仪式内容、仪式程序等典型象征符号，进而解释修谱仪式的教育学意义。对民国孔府文化研究来说，力图从文化、心理、教育三个层面解读民国《孔子世家谱》撰修仪式，并将民国《孔子世家谱》撰修仪式植根于广袤的儒家文化、孔府文化、社会文化生态背景之中，从全新的视角、全新的思路中萃取出有关孔府的地方性知识。对传统教育研究来说，修谱同时又属于中国传统教育文化的有机组成部分，必然蕴含着丰富的传统教育基因。本书借助教育人类学的相关理论体系，努力探寻出民国《孔子世家谱》撰修仪式的教育基因，以丰富传统教育研究的内容体系，深化对传统教育的认知和体悟。

四、研究内容

在阅读《孔子世家谱》（民国版）等核心资料的基础上，重点梳理了修谱仪式这一文化现象中具有的象征符号。修谱作为一个象征符号群，由祠堂、族谱、修谱事宜、修谱条规、称谓系统、告文、誓词等具体象征符号构成。笔者从中挖掘出三个分层划等、层层深入的意义结构——昭世统、兴伦常、学圣人之道。修谱作为一种仪式，仪式组织者对仪式的安排及理想构想，体现在不同仪式阶段的象征符号设定上，以满足不同层次的教育需要和实现教育理想。而想象的教育理想与生命完型，正是通过这一系列象征符号实现的。

本书框架基本沿着这一路径对民国《孔子世家谱》撰修仪式进行教育文化层面的解释。具体而言，本书的研究内容包括以下四个部分：

第一部分，民国《孔子世家谱》撰修仪式具有文化教育的内涵。家族文化教育以教育文物的形式储存着，形成记忆凝聚体。作为一种教育文物表征，构成了孔氏家族文化的教育图式。修谱地点主要在祠堂，包括家庙、崇圣堂、报本堂、诗礼堂。家庙祭祀孔子夫妇、孔鲤夫妇、孔伋夫妇以及"中兴祖"孔仁玉夫妇，崇圣堂祭祀孔子上五代祖先，报本堂祭祀当代衍圣公上五代祖先。从祠堂的祭祀性质与称谓来看，无不表现着对传统儒家生命观的秉承与追求，如孝、敬、慎终追远等内核，而这也正是孔府家族对自身教育理想形象的一种想象。从诗礼堂来看，堂中悬挂着横批为"则古称先"的楹联——"绍绪仰斯文识大识小""趋庭传玉教学礼学诗"。其中蕴含着孔子教育儿子孔鲤的典故，诗礼堂与诗礼庭训历经数千年而不变，这就是家族教育文化的本色：对"诗礼传家"的"一贯"，即是对家族教育理想价值的设定。

第二部分，民国《孔子世家谱》撰修仪式表述着以圣人之道为核心的家族伦理教育。家族教科书中的功名立传是对族人进行家训式伦常教化的绝佳内容，修谱条规是家族常规教育的补充性规定，能起到显隐兼通的教育作用，形成了家族教育知识图谱。

第三部分，进入核心区域。家族文化教育图式的构建，形成教育图式。家族文化教育以文本的形式记录下来，实现以圣人之道为核心的家族伦理教育的整合。在此基础上，孔氏族人进一步将文化教育、伦理教育的精神和内容进行内化，塑造历史文化记忆传承中的家族认同教育。从顺序性看，民国《孔子世家谱》撰修仪式通过规定修谱事宜、设定辈分系统、辨伪真孔三大手段，以确保家族是以血缘为纽带而建构起来的，以达到聚宗收族、维护世统的效果。同时也利用这种条文制度化手段，规定家族教科书教育对象的身份特征，实际上是实现教育对象身份认同的表现。同时，建立谱局、联络族人表征出的是家族的内部合力，而告庙礼便意味着家族认同教育的获得。从结构性观照，民国《孔子世家谱》撰修仪式程序实际上蕴含着成志道和弘道之人的教育目标、观察学习的教育方式、联结生命的教育内容、家族认同的教育理想等意义结构。

第四部分，是解释民国《孔子世家谱》撰修仪式的密码。通过分析修谱仪式这一象征符号群的文化系统、社会系统与心理系统，可以明显看到，这次修谱仪式是在困境中艰难进行的，更能突显出对家族生命体、家族认同获得的渴望。最后分析修谱仪式、家族文化、教育基因之间的复杂机制，指出修谱仪式的教育基因正是生命共同体，且生命共同体又是植根于家族教育文化圈中滋养的结果。

五、研究方法

（一）文献法

依据文献收集"竭泽而渔"的原则，本书研究利用"深度材料"[1]，主要依据家谱、碑刻、档案等民间历史文献，并结合民国地方志、档案、《申报》、文集、回忆录、日记等材料。其中，民国《孔子世家谱》与《孔府档案》是本书的核心资料来源。

文集、回忆录、日记是本书依据的基本资料。由于文集笔记的丰富多样，往往补充了地方志的不足。与地方志相比，文集、回忆录、日记更能贴近社会生活，具体生动。如孔德懋的《孔府内宅轶事——孔子后裔的回忆》，孔繁银的《衍圣公府见闻》，柯兰的《千年孔府的最后一代》，王谦的《大孔府》，杨义堂的《大孔府》及《孔府档案》中的《孔德成日记》等一系列文集均描写了民国《孔子世家谱》撰修仪式活动的举行过程。

地方志是本书的背景性支撑材料。如乾隆时期的《曲阜县志》、民国时期的《续修曲阜县志》等地方志，包含了较为全面的地方史资料，可以较为系统地了解地方历史发展脉络，为本书民国《孔府世家谱》撰修仪式提供了文化生态背景。

---

〔1〕"深度材料"，是劳里·航柯（Lauri Olavi Honko）提出的概念，关注的是民俗材料的有机变化和更宽广的主题性领域，重视的是民俗资料存在情境的多重维度及被阐释的程度。

（二）田野考察法

为了更好地解读历史文献资料，笔者还走进曲阜进行了田野调查工作。

在曲阜市档案馆、市图书馆、曲阜师范大学图书馆、孔府档案中心、至圣孔子家谱研究中心等地寻找了大量有关民国孔府修谱的文献，对孔庙、孔府中的诗礼堂、家庙、崇圣祠、报本堂等修谱空间分别进行了观察和拍摄，全面掌握了修谱信息，并对民国修谱仪式的时代背景进行了详细的了解和记录。

此次考察，亲自参观民国《孔子世家谱》撰修故地，基本掌握了民国修谱仪式的背景及流程，加深对民国《孔子世家谱》撰修仪式活动的感性认识，以更好地体验古人的心境。

（三）"深描"民族志

"深描"民族志是格尔茨解释人类学理论中涉及的一个方法，是其文化观的具体体现。它是一种解释性的描述，不是普通意义上的描述，基于"理解的理解"[1]，是对文化现象、文化行为的意义进行层层深入的描述方法[2]，至少包含深度描写、深度解释两个层面，并通过民族志把这些复杂的内在机制

---

〔1〕"理解的理解"，是格尔茨提出的理解地方性知识的核心概念，是指对土著人的自身文化的解释进行再解释，解释地方性文化的深层的象征及意义，目的在于追求被研究者的观念世界、观察者的自身的观念世界，以及读者的观念世界的沟通。

〔2〕林同奇：《格尔茨的"深度描绘"与文化观》，载《中国社会科学》1989年第2期。

描述出来。

本书进行的民国《孔子世家谱》撰修仪式活动研究，将修谱仪式作为一种文化行为，选取最能体现修谱仪式活动特征的祠堂空间、族谱内容、修谱程序三个典型性文化现象作为象征符号体系。首先展示并深度描述贯穿于研究对象中的象征符号体系，针对象征符号结构建立一套分析体系，全面理解和把握文化系统及其各系统要素之间的互动机制的相互关联，接着进行深度解释，揭示民国《孔子世家谱》撰修仪式活动中蕴含的分层的教育意义结构。

六、创新与不足之处

（一）创新之处

本书以解释人类学文化研究理论这一新的范式作为研究框架，从教育学的视角，系统、全面、深入地考察了民国《孔子世家谱》撰修仪式。作为一种尝试性、探索性的教育史研究，本书的创造性工作主要体现在以下几个方面：

1. 研究策略方面

第一，研究方法。本研究属于教育史的范畴，前提条件是在尊重基本史实的基础上，跨学科研究教育学、文化人类学、社会学、历史学、心理学，采用"深描"的方法，力求展现民国《孔子世家谱》撰修仪式的真实行为场景及其行为意义结构。此外，运用"微小叙事"的写作范式，视野转向民间层面，分析《孔子世家谱》撰修仪式在民国时期本身中的教育特性，进而揭示这些教育特性与现代文化现象的同构性。

第二，研究视角。从意识形态领域得出以伦理为本位是中国文化特质的看法，早已被海内外的思想史研究者所认同，却少有从社会风尚、文化心理的视野来看待的。[1]因此，从民间大众的角度、文化的视角来解释民国《孔子世家谱》撰修仪式这一社会文化现象所蕴含的教育意义是本书的观照取向，意在真切理解传统教育文化的复杂性和探索民族教育文化的基因。

2. 研究内容方面

第一，发现了民国《孔子世家谱》撰修仪式举行的深层教育机制。尽管民国《孔子世家谱》撰修仪式如同其他众多家族修谱目的一样，从表面上看，都是为了收宗聚族。但若我们将其放置到特定的历史时空之中、特定的社会经济文化的背景之下，便不难发现，民国《孔子世家谱》撰修仪式与现实的种种因素处在博弈互动之中。在如此巨大张力之下，看似循章依制发生的文化行为，实际上潜含着仪式举行的内在机制，那就是：民国的社会结构动荡（社会互动模式）与孔府家族文化的"一贯"（文化意义体系）之间的不和谐。二者之间的断裂分层，导致了社会和文化的冲突。

第二，揭示了民国《孔子世家谱》撰修仪式的教育基因——生命共同体的教育塑造。以往的研究者只是注意到了民国《孔

---

〔1〕 周积明、宋德金主编：《中国社会史论》（上卷），湖北教育出版社2000年版，第108页。

子世家谱》撰修仪式中的民俗学意义，对修谱仪式的教育学意义（尤其是深层次意义结构）却挖掘得甚少。本书在综合前人观点的基础上，从人类学和教育学角度进行了系统的剖析，将民国《孔子世家谱》撰修仪式这一深层的教育基因揭示出来。

第三，本书从社会、文化、心理、生命四个实践向度，深入解释民国《孔子世家谱》撰修仪式背后的教育概念结构，力图彰显孔氏后裔"圣人之道与生命合一"的文化性格在孔氏家族成员身上打下的深刻圣人印记。前人只突出关注了儒家文化对孔氏家族成员的诗礼、忠孝、廉耻等方面的人格影响。本书首次将"圣人之道"视为一个孔氏家族教育文化特质群，将"圣人之道与生命合一"对孔氏家族成员产生生命、灵魂影响的核心文化性格淋漓尽致地挥洒出来。

第四，指出了民国《孔子世家谱》撰修仪式的教育价值与孔府文化、儒家文化的密切联系。前人多从孔府建筑文物、家族教育等方面观照儒家文化，这对本书提供了有益的启示。在纷杂的文化现象中，本书在一一解释仪式空间、仪式内容、仪式程序的教育文化意义基础上，拨开迷雾，发现民国《孔子世家谱》撰修仪式的教育价值与孔府文化、儒家文化存在着明显的互动关系。民国《孔子世家谱》撰修仪式的教育价值是对孔府文化、儒家文化的文化涵化，孔府文化、儒家文化则对民国《孔子世家谱》撰修仪式的教育价值进行着文化濡化。

第五，呈现了民国《孔子世家谱》撰修仪式中几个尚未解释的教育文化意义结构。以往的研究者只是从家规制度、收宗聚族、诗礼庭训等方面进行了论述，未曾对其进行整体、全面的评估。本书在梳理大量历史文献资料与前人研究成果基础上，将其教育文物的记忆凝聚体、家族教育知识图谱的建构、圣人之道的教育文化特质群、伦理教育的补充性说明、生命情境下的家族认同教育的完形等几个侧面的教育文化概念结构一一解构出来。

(二) 不足之处

研究资料。"过去的中国近百年史，过于注重上层结构，很少涉及低层"[1]，古代、近代中国正是这种状况，史料的空缺导致很难充分反映社会下层民众生活、很难反映历史的社会文化全貌。本书力图通过族谱、地方志、档案、文集、笔记、日记、碑刻等"草根资料"的运用，恢复历史记忆中的缺失，以合理的历史想象，从下层民众的日常生活中透视真实的文化活动。

---

〔1〕 周积明、宋德金主编:《中国社会史论》（上卷），湖北教育出版社2000年版，第109页。

第一章
概念界定及理论基础

第一节　概念界定

一、文化

追溯词源，西方人使用的"文化"一词含有很多意思，如栽培、培养、耕种、照管等，具有"客观对象性"[1]，后来逐渐引申出教化、训练之意。中国古汉语中的"文化"这个词表达了以社会伦理道德教化世人的意思。最早出现在，"文明以止，人文也。观乎天文以察时变；观乎人文以化成天下"[2]，"圣人之治天下，先文德而后武力。凡武之兴，为不服也；文化不改，然后加诛"[3]。

随着东西方的交流日益频繁，"文化"的内涵越来越趋同。英国文化史学者雷蒙德·威廉斯认为有三种文化定义方式：一是"观念型"的文化定义，二是"文献式"的文化定义，三是

---

〔1〕　韦森：《文化与制序》，上海人民出版社 2003 年版，第 9 页。
〔2〕　周振甫译注：《周易译注》，中华书局 1991 年版，第 81 页。
〔3〕　（汉）刘向撰：《说苑校证》，向宗鲁校证，中华书局 1987 年版，第 380 页。

文化的"社会"定义。[1]

从文化的"社会定义"这一路径出发，"文化被视作为某一时期的某一特殊社会生活方式的整体称谓"[2]，指涉范围极为广泛，包括政治、经济、艺术、宗教、法律、礼仪、风俗，等等。因此，爱德华·泰勒（Edward Burnett Tylor）将文化定义为"知识、信仰、艺术、道德、法律、习俗以及由作为社会成员的人所获得的任何其他能力和习惯的复合整体"[3]。沿着这种思路，当代著名人类学家马林诺夫斯基（Bronislaw Kasper Malinowski）对文化界定为"文化是指那一群传统的器物，货品，技术，思想，习惯及价值而言的，这概念实包容及调节着一切社会科学"[4]。另一位人类学家克莱德·克拉克洪（Clyde Kluckhohn）在《人类之镜》中把文化定义为：① "一个民族的全部生活方式"；② "个人从他的群体获得的社会遗产"；③ "思维、感觉和信仰方式"；④ "来源于行为的抽象"；⑤ "人类学家关于一个人类群体的真正行为方式的理论"；⑥ "集中的知识库"；⑦ "对多发问题的一套标准化适应方式"；⑧ "习得行为"；⑨ "调节和规范行为的机制"；⑩ "适应外部环境和其他人的一套技能"；⑪ "历

---

〔1〕 罗钢、刘象愚主编：《文化研究读本》，中国社会科学出版社 2000 年版，第 125~126 页。

〔2〕 韦森：《文化与制序》，上海人民出版社 2003 年版，第 12 页。

〔3〕 ［英］爱德华·泰勒：《原始文化——神话、哲学、宗教、语言、艺术和习俗发展之研究》（重译本），连树声译，广西师范大学出版社 2005 年版，第 1 页。

〔4〕 ［英］马林诺夫斯基：《文化论》，费孝通等译，中国民间文艺出版社 1987 年版，第 2 页。

史的积淀"。[1]这样的文化概念，也恰好印证了泰勒提出的著名的"最复杂的整体"[2]观点。

泰勒式繁杂、宽泛的文化概念导致了概念困境——具有不可操作性，诸如克莱德·克拉克洪最终将文化界定转向明喻，用地图、筛子和矩阵等作比喻。因此，一些文化人类学者主张重新建构观念的文化概念，"缩小到应有规模，从而确保它继续保持重要性……但更常见的是仅借助它们发展出的特殊分析，试图用狭义的、特殊的，从而在理论上更具（解释）力度的文化概念"[3]。法国结构人类学家列维-斯特劳斯（Claude Levi-Strauss）对观念型文化概念的解释得到了学界的广泛认可，认为文化是人类心智积累性创造的一种共享的符号系统，"人类是在对'文化域'（cultural domains，诸如社会组织、亲属关系、神话、宗教、原始艺术的语言等）的心智构建中来型构这种共享的符号系统的"[4]。当代文化人类学家克利福德·格尔茨受胡塞尔（Edmund Gustav Albrecht Husserl）、狄尔泰（Wilhelm Dilthey）、吉尔伯特·赖尔（Gilbert Ryle）、维特根斯坦（Ludwig Josef Johann Wittgenstein）的哲学影响，并且吸收、发展了马林诺夫斯基的"文化持有者的内部眼界"、列维-斯特劳斯的结构

---

〔1〕［美］克利福德·格尔兹：《文化的解释》，纳日碧力戈等译，王铭铭校，上海人民出版社 1999 年版，第 4 页。

〔2〕［美］克利福德·格尔兹：《文化的解释》，纳日碧力戈等译，王铭铭校，上海人民出版社 1999 年版，第 4 页。

〔3〕［美］克利福德·格尔兹：《文化的解释》，纳日碧力戈等译，王铭铭校，上海人民出版社 1999 年版，第 4 页。

〔4〕韦森：《文化与制序》，上海人民出版社 2003 年版，第 16 页。

人类学以及帕森斯的社会学分析系统的理论成果，提出独特的具有前沿性的文化观。格尔茨是在民族志研究中提炼出的文化理论，这种文化理论基于对现实生活中的日常经验的描述和解释实现。因为民族志研究需要对人类日常经验进行充分理解。格尔茨认为，人类学的问题变成了一个文化解释问题，对社会表达方式的深层意义结构进行"深描"。很显然，格尔茨把文化看作了一种观念性的存在，"虽说文化是观念性的，但它并不是存在于人的头脑中；虽说它是非物质性的，但也并不是超自然的存在"〔1〕。格尔茨的文化概念本质上属于符号学，"追求的是阐释，阐释神秘莫测的社会表达方式"〔2〕。鉴于"文化"在社会人类学领域的滥用而呈现的多义性和研究的模糊性，他指出，"我所坚持的文化概念既不是多所指的，也不是模棱两可的，而是指从历史沿袭下来的体现于象征符号中的意义模式，是由象征符号体系表达的传承概念体系，人们以此达到沟通、延存和发展他们对生活的知识和态度"〔3〕。格尔茨说："没有文化模式——意义符号的组织的系统——的指导，人类的行为实际上是不能控制的，只是一些无序的无谓行动和感情爆发，他的经验实际上杂乱无章。作为这些模式的积累总和，文化不仅仅是人类存在的一种装饰，而且是——其特殊性的主要基础——

---

〔1〕 ［美］克利福德·格尔兹：《文化的解释》，纳日碧力戈等译，王铭铭校，上海人民出版社1999年版，第11页。

〔2〕 ［美］克利福德·格尔兹：《文化的解释》，纳日碧力戈等译，王铭铭校，上海人民出版社1999年版，第5页。

〔3〕 ［美］克利福德·格尔兹：《文化的解释》，纳日碧力戈等译，王铭铭校，上海人民出版社1999年版，第103页。

它不可或缺的条件"〔1〕。没有存在于文化之外的人，也没有独立于文化之外的人性。文化模式是"象征符号集"〔2〕，可以摹写出社会或心理系统之间的复杂机制的影响。

本书将文化定义为：从历史上传递的，由象征符号表达的意义结构。"社会的形式就是文化的内容"。〔3〕"文化活动，即符号形式的建构、理解与利用，如同其他一切，都是社会事件：它像婚姻一样公开，像农业一样可视"。〔4〕从这个角度说，一切象征符号都是文化现象。格尔茨说："日常生活世界本身当然是一种文化产物（因为它是由代代相传的'不争事实'的象征观念来框定的），它是我们行动的既定场景和既定目标"〔5〕。从文化作为一个"逻辑坐标"的角度来审视文化与人类社会行为的关系，就能够把文化视为人类行为最宽广的场景，我们就会意识到文化（文化人类学的）涉入对教育研究具有无穷的魅力。

二、象征符号

象征概念的出现与人类文明的发展是同步的。〔6〕早在古希

〔1〕 ［美］克利福德·格尔兹：《文化的解释》，纳日碧力戈等译，王铭铭校，上海人民出版社 1999 年版，第 53 页。

〔2〕 ［美］克利福德·格尔兹：《文化的解释》，纳日碧力戈等译，王铭铭校，上海人民出版社 1999 年版，第 107 页。

〔3〕 ［美］克利福德·格尔兹：《文化的解释》，纳日碧力戈等译，王铭铭校，上海人民出版社 1999 年版，第 32 页。

〔4〕 ［美］克利福德·格尔兹：《文化的解释》，纳日碧力戈等译，王铭铭校，上海人民出版社 1999 年版，第 106 页。

〔5〕 ［美］克利福德·格尔兹：《文化的解释》，纳日碧力戈等译，王铭铭校，上海人民出版社 1999 年版，第 127 页。

〔6〕 柴慧芳：《作为符号的象征》，河南大学 2009 年硕士学位论文。

腊时期，象征观念的萌芽就已初现。如柏拉图在美学思想中谈到，"整个可以知觉的宇宙成了各种理念的象征"。[1]亚里士多德在其《解释篇》中也提到象征，"嗓子发出的声音象征着心灵状态，书写的语词象征着嗓子发出的语词。正如所有的人并不使用相同的文字，同样，所有的人说出的语词也不相同；但以这些表达方式作为直接符号的心灵状态则对于一切人都是相同的，就如以这些心灵状态作为意象的事物对于一切人也是相同的一样"，[2]"口语是内心经验的符号，文字是口语的符号。民族之间没有共同的文字和口语，但内心经验自身对整个人类都是相同的。"[3]从中可以感受到，亚里士多德是把"符号"作为象征的同义词使用的。阐释学萌芽时期的代表人物圣·奥古斯丁（Aurelius Augustine）则认为："符号是这样一种东西，它使我们想到在这个东西加诸感觉印象之外的某种东西。"[4]他将物质体系和心理体系联结起来对符号进行阐释，符号代表某一种事物的另一种事物。

心理学家卡尔·荣格（Carl Gustav Jung）将其定义为："当一个字或一个意象所隐含的东西超过明显的和直接的意义时，就

---

〔1〕 朱存明：《美的根源》，中国社会科学出版社 2006 年版，第 90 页。

〔2〕 ［法］茨维坦·托多罗夫：《象征理论》，王国卿译，商务印书馆 2004 年版，第 8 页。

〔3〕 苗力田主编：《亚里士多德全集》（第 1 卷），中国人民大学出版社 1990 年版，第 49 页。

〔4〕 Oswald Ducrot and Tzvetan Todorov, *Encyclopedic Dictionary of the Sciences of Language*, translated by Catherine Porter, The Johns Hopkins University Press, 1979, p. 99.

具有了象征性"；"除了传统的明显的意义之外，象征还有着特殊的内涵。它意味着某种对我们来说是模糊、未知和遮蔽的东西"；"象征总是代表超出其自身明显和直接含义的东西"。[1]托马斯·阿奎那（Thomas Aquinas）进一步指出："任何真理都可以用两种方法显示：通过事物和语言。言词能表示事物，一件事物也可以表示另一件事物。造物主不仅可以用语言表示任何事物，而且还可以用一件事表示另一件事。"[2]象征的意义更多地通过事物表达，具有多义性和模糊性。

应该指出的是，在西方语境中"symbol"兼具"象征"和"符号"两种不同的意义。在不同的学科领域，"symbol"发挥着不同的功用。广义的"symbol"属于文化人类学的范畴。

维克多·特纳（Victor Witter Turner）是象征人类学的主要代表人物。他认为，象征是意义的"浓缩形式"，或多种意义的联想，不同的文化（象征体系）是不同的民族对其所处的世界的不同理解，象征的意义在于它们是个人经验与社会事实的中介：人们通过象征对外部世界及其变化进行自我调适。[3]美国人类学家克利福德·格尔茨尤为强调象征，"象征符号很像'文化'，它用来指称形形色色的事物，往往是同时指称多种"，"在某些情况下，它指对某人而言意味着其他事的任何事：乌云滚

---

〔1〕　［瑞］卡尔·荣格等：《人类及其象征》，张文举、荣文库译，陆梁校，辽宁教育出版社1988年版，第1、2、32页。

〔2〕　居阅时、瞿明安主编：《中国象征文化》，上海人民出版社2001年版，第5页。

〔3〕　王铭铭：《想象的异邦——社会与文化人类学散论》，上海人民出版社1998年版，第55~57页。

滚是即将下雨的象征。有些情况下，它仅被用作某种明确的习惯性指号（signs）：红旗象征危险，白旗象征投降。在另外的情况下，它只限于用一种间接和修辞的方式，表示不宜直接按照字面表示的东西，从而诗歌有象征符号，而科学没有。符号逻辑（symbolic logic）是一个误称。在另外一些情况下，象征符号用来指作为观念载体的物、行为、事项、性质或关系——观念是象征的'意义'——我在此将遵循这样一条思路。"[1]由此可见，格尔茨对象征符号指涉的范围是极为丰富的，数字6、十字架、油画、词素"ing"等都是象征符号，至少是象征元素。

总之，前人对象征符号的界定，基本是在强调象征符号所表达的意义。格尔茨指出，"象征符号是概念的可感知的系统表述，是固定于可感知形式的经验抽象，是思想、判断、渴望或信仰的具体体现"。[2]因此本书将象征符号定义为：凡是对群体具有意义的一切事物都是象征符号。几乎所有领域都存在象征符号，其背后隐藏的深层次意义结构通过象征符号表征出来。

三、教育基因

"基因"一词，是个古老的名词，但在人们认知中又不断建构成了意义系统丰富的指涉。从教育学角度对基因加以关怀，

---

［1］［美］克利福德·格尔茨：《文化的解释》，纳日碧力戈等译，王铭铭校，上海人民出版社1999年版，第105页。

［2］［美］克利福德·格尔茨：《文化的解释》，纳日碧力戈等译，王铭铭校，上海人民出版社1999年版，第106页。

是挖掘教育深层次结构的现实需要。教育基因的内涵表述，可以从基因、文化基因、教育基因的逻辑线索进行层层推演、揭示，以最终逼近教育基因最本真的原貌。

（一）开端：生物学与遗传学的基因求证

基因，是个古老的话题。古希腊、古罗马人便提出了众多假说。希波克拉底（Hippocrates）认为遗传存在着物质基因。拉马克（Jean-Baptiste Lamarck）和达尔文（Charles Robert Darwin）亦就此分别提出获得性遗传与泛生论的观点。直到 19 世纪 60 年代，孟德尔（Gregor Johann Mendel）提出生物的性状中存在着一种不可分割和独立的遗传单位，由"遗传因子"控制，并通过"遗传因子"进行传递。至此，遗传学说才具有了一种比较科学的解释体系。但到 1900 年，人们才重新重视起来孟德尔的遗传学说。1909 年，丹麦遗传学家约翰逊森（W. Johansen）在《精密遗传学原理》一书中，正式提出"基因"（gene），这一命名延续至今。但是这时的基因仍属应然的、逻辑推演的、未经证实的概念。摩尔根（Thomas Hunt Morgan）1926 年基因在染色体上，并发现基因在染色体上呈线性排列，[1]揭示了基因是组成染色体的遗传单位，它能控制遗传性状的发育，也是突变、重组、交换的基本单位。[2]

---

〔1〕　杨建基：《现代实验生物学奠基人——摩尔根》，载《生物学教学》2018年第 10 期。

〔2〕　姜龙、梁小东、姜平：《全身麻醉分子机制研究进展》，载《临床军医杂志》2016 年第 2 期。

由此可见，基因携带着生物体全部遗传信息，是控制生物性状的基本遗传单位。并且，基因支撑着生命的基本机能。因此，基因具有物质性和信息性。

（二）延伸：文化基因的深化研究

基因范畴在自然科学领域的深化、拓展，为人文社会科学领域将其移植、调用提供了可能。1976 年，R. 道金斯（Richard Dawkins）代表作《自私的基因》付梓。他为《自私的基因》的第十一章命名为"觅母：新的复制基因"，从而创造了一个"文化复制基因"的新词汇——"meme"。道金斯从"基因复制"这一分析进路探讨了人类文化演进的机制，希望以此表明其文化进化论的学理认知。其不无雄心地宣称："觅母应该看成是一种有生命的结构，这不仅仅是比喻的说法，而且是有其学术含义的。"[1]道金斯发现，文化演进与生物进化有诸多的相似之处。"觅母通过从广义上说可以称为模仿的过程从一个脑子转到另一个脑子，从而在觅母库中进行繁殖。"[2]"广义地说，觅母通过模仿的方式得以进行自我复制。""我们不妨把一个'概念觅母'看成是一个可以从一个脑子传播到另一个脑子的实体。"[3]"我们是作为基因机器而被建造的，是作为觅母机器而被培养

---

〔1〕［英］R. 道金斯：《自私的基因》，卢允中、张岱云译，科学出版社 1981 年版，第 268 页。

〔2〕［英］R. 道金斯：《自私的基因》，卢允中、张岱云译，科学出版社 1981 年版，第 269 页。

〔3〕［英］R. 道金斯：《自私的基因》，卢允中、张岱云译，科学出版社 1981 年版，第 271~272 页。

的，但我们具备足够的力量去反对我们的缔造者。在这个世界上，只有我们，我们人类，能够反抗自私的复制基因的暴政。"[1]

道金斯的学生苏珊·布莱克摩尔（Susan Blackmore）在1998年出版的《谜米机器——文化之社会传递过程的"基因学"》中，力图构建"谜米学理论"，来解读人类文化的进化。她认为："谜米，都以其独特的方式进化而来，并各有其独特的进化史。不管其进化方式或进化史如何，每一个谜米都是在利用着你的行为，试图通过你的行为让他自身被别人拷贝、复制。"[2]"这就是潜藏在谜米观点背后的巨大力量。……从谜米学的观点来看，我们的各种观念并不是我们自己的创造物，它们的存在也不是为我们的目的服务的，相反，我们必须将我们的观念理解为自主且自私的谜米，它们的一切活动，都是旨在自身的被拷贝、被复制。"[3]人既是基因的机器，也是谜米的机器，而且只有这两种复制的共同存在，才得以构成完整的"人"。这样的"谜米学理论"，目的就在于研究人类的本性。"我撰写本书的目的就是想证明，就人类本性这一论题而言……谜米学理论能够做出更加全面、更加合理的解释。谜米学……机制就是：谜米之间相互竞争，以占有人们的头脑并由此传播

---

〔1〕［英］R. 道金斯：《自私的基因》，卢允中、张岱云译，科学出版社1981年版，第281页。

〔2〕［英］苏珊·布莱克摩尔：《谜米机器——文化之社会传递过程的"基因学"》，高申春、吴友军、许波译，吉林人民出版社2001年版，第12页。

〔3〕［英］苏珊·布莱克摩尔：《谜米机器——文化之社会传递过程的"基因学"》，高申春、吴友军、许波译，吉林人民出版社2001年版，第14页。

开来。"〔1〕

韦森在《文化与制序》中将"meme"称作"拟子",回顾和梳理了"拟子"的提出和界定过程。韦森认为:"只要这种式样、这种款式、这种风格、这种音调本身离开语言载体仍能传播和复制,它们本身就是一种文化拟子。由此看来,文化拟子可以以词、语句、命题等语言的形式存在,或者反过来说作为语言单位的词、语句、命题可以作为文化拟子,但文化拟子却不限于语言和词。"〔2〕继追溯国际学术界对道金斯文化拟子的有关讨论的观点之后,韦森对文化拟子应用中所注意的问题做了进一步的思考和探索。首先,文化拟子与生物基因有共同的地方,即"均是某种存在"〔3〕。其次,二者存在差异。他指出:第一,"文化拟子在很大程度上与人在观察、思考、界定和认识上的'主观能动'的规定有关"〔4〕。第二,两者的根本区别"在于生物基因的复制必须通过生物体的遗传关系来进行(从父母传与子女)。但文化拟子的传播可以在不同地区、不同民族、不同社会中的毫无关系的任何人之间进行,甚至可以在人和动物之间进行"〔5〕。既然文化拟子与人们把握世界的方式息息相关,那么是什么构成了文化拟子呢?韦森认为:"从拟子形成的

---

〔1〕 〔英〕苏珊·布莱克摩尔:《谜米机器——文化之社会传递过程的"基因学"》,高申春、吴友军、许波译,吉林人民出版社2001年版,第14页。

〔2〕 韦森:《文化与制序》,上海人民出版社2003年版,第55~56页。

〔3〕 韦森:《文化与制序》,上海人民出版社2003年版,第56页。

〔4〕 韦森:《文化与制序》,上海人民出版社2003年版,第56页。

〔5〕 韦森:《文化与制序》,上海人民出版社2003年版,第61页。

原始微观发生机制上来看，我们与其把'文化拟子'看成是由'约定俗成'的社会机制过程产生的，毋宁把'文化拟子'的传播看成是约定俗成的社会机制过程本身。"[1]因此，文化播化就是一个文化拟子（簇）通过各种媒介在其他地域的人群中共时地发散和传播。[2]也就是说，文化濡化和文化播化的发生或传播机制是文化拟子。

相比韦森来说，吴秋林对文化基因所做的探讨工作要更丰富、深厚一些。本书将立足吴秋林教授的研究来论述教育基因。

吴秋林教授指出："国外的 meme 始终是在文化复制类似于基因复制的概念上的论述和表述，是文化之社会传递过程的'基因学'，而不是我们所期望的那样，有一个可以像人的生物基因那样可以精确复制和传递的所谓文化基因。"[3]"meme"一词刚被翻译进来时，很快就成为中国人理解的"文化基因"一词，被广泛传播和应用。吴秋林教授从哲学和文化人类学两条脉络对其进行了梳理，发现国内文化基因研究存在两条路径：

一是哲学视域下的，多注重思维模式的研究，沿着"meme"的路子，从人类思维方式上探寻人类文化中类似于基因的存在，认为这里才有文化的基本因素。关于文化基因的概念表述，刘长林的观点可算为典型代表之一。刘长林在《宇宙基因·社会

---

〔1〕 韦森：《文化与制序》，上海人民出版社 2003 年版，第 62 页。

〔2〕 韦森：《文化与制序》，上海人民出版社 2003 年版，第 63~64 页。

〔3〕 吴秋林：《文化基因论》，商务印书馆 2017 年版，第 21 页。

基因·文化基因》中首次系统讨论了文化基因的问题。[1]他指出："文化系统是社会系统中一个有机组成部分，自然有其自身的特殊基因，可称为文化基因。文化基因就是那些对民族的文化和历史产生过深远影响的心理底层结构和思维方式。"[2]发表文章之后，刘长林在《中国民族文化基因及其阴性偏向》一文中，又对文化基因进行了界定，"大量的事实表明，在前人对后人的影响、文化门类之间的相互影响的背后，还有着更为深刻的动因和决定因素在发生作用，从而规定着民族文化以至整个民族历史的发展趋势和形态特征。这种动因和决定因素就可称之为民族的'文化基因'"。[3]

二是民族学和文化人类学下进行的观照，注重文化的内在构成，探寻在这样的结构中有没有类似于基因的结构，并且以此来论述人类文化的最为深层次的普遍性。它是一种寻求"文化基本因素"的研究，试图从文化的深层次结构中去探寻文化基因存在的可能性，以寻找一种新的解释的可能。徐杰舜、吴秋林便是其中的代表人物。对于文化基因的概念界定，徐杰舜从文化基本要素的角度进行了审视。"……从生物基因说引申为文化基因，即所谓文化基因是文化内涵组成中的一种基本元素，存在于民族或族群的集体记忆之中，是民族或族群储存特定遗

---

〔1〕 吴秋林：《文化基因论》，商务印书馆2017年版，第22页。

〔2〕 刘长林：《宇宙基因·社会基因·文化基因》，载《哲学动态》1988年第11期。

〔3〕 刘长林：《中国民族文化基因及其阴性偏向》，载《哲学动态》1989年第1期。

传信息的功能单位。"[1]吴秋林认为："从概念的基点上讲，文化基因一词就是把文化中的某些构造等同于遗传学上的基因概念，认为文化人类学中有一个最基本的单位叫文化基因，并具有在其内部运动中对文化的根本性的影响。"[2]这一思考路径，是从文化的深层结构和文化演化的历史中来认知基因一词的。"文化基因自然不是一种实体，也不纯粹是一种精神概念的表述，而是一种对文化现象的界定。不是所有的文化因素都能成为文化基因，但文化基因又必须在文化因素上构造。这表明文化基因是游荡在人类文化基础结构中最活跃的成分。"[3]

（三）迁移：教育基因的密码探寻

1. 作为一门艺术的教育基因

有关文化基因研究成果启示我们，人类文化确实存在着一种类似于生物基因的存在或结构，可以精确复制、传播文化。"文化塑模人格的过程就是最广义的教育过程；教育同时又使文化得以继承而连贯为历史，并成为每一代人进行新的文化创造的基点。""文化的核心——哲学思维方式；与文化的传播——教育。"[4]教育与文化相伴而生，相随而长。那么，教育既然是

---

〔1〕徐杰舜：《文化基因：五论中华民族从多元走向一体》，载《湖北民族学院学报（哲学社会科学版）》2008年第3期。

〔2〕吴秋林：《原始文化基因论》，载《贵州民族学院学报（哲学社会科学版）》2008年第4期。

〔3〕吴秋林：《原始文化基因论》，载《贵州民族学院学报（哲学社会科学版）》2008年第4期。

〔4〕丁钢主编：《文化的传递与嬗变：中国文化与教育》，广西师范大学出版社2009年版，第1~2页。

文化体系中的一个部分，自然也会具有特殊基因，可以称为"教育基因"。

从历史长河来看，教育发展至今已有数千年，没有丝毫退减，反而灼灼其华。在历史上形成并世代相传的教育精神气质，诸如教育内容、教育方法、教育形式、教育基本特征、教育价值观念等，这也就是教育传统的特质。在笔者看来，教育传统就是由历史上继承下来的教育诸要素构成的有机系统。它具有相对的稳定性。由于是世代相传，自然会在人们心理上、习惯上形成一种定势，继承性也随之增强。教育传统同时还附有未完成性的特征。它"是中华民族文明进化过程中形成的教育源流，属仍在不断丰富发展的还未完型的教育动态和教育发展趋势"〔1〕，属于过去、现在和未来，存在于社会生活中，贯穿着每个个体的生命历程。〔2〕稳定性和未完成性的结合，保证了教育传统的"野火烧不尽"之势。显而易见，教育传统是对教育要素、教育精神、教育特质的延传，这些也可以视为教育传统传播的基本单位。如此理解，那么我们就不得不进行更进一步的叩问：教育传统生命力如此顽强、绵绵不绝，到底是如何发生的呢？或者说，教育传统的传播介质到底是什么？由此看来，教育传统的传播介质正是教育基因。也就是说，教育传统的延承就是将教育基本单位通过教育基因在家庭、学校、社会中进

---

〔1〕 郭齐家：《论中国传统教育的基本特征及其现代价值》，载《北京师范大学学报（社会科学版）》1995年第5期。

〔2〕 丁钢主编：《历史与现实之间：中国教育传统的理论探索》，广西师范大学出版社2009年版，第7页。

行复制和传播。

那么，什么是教育基因呢？在笔者看来，教育基因就是那些对个体、集体乃至民族的教育产生深远影响的深层次结构，是教育结构中的基本要素。教育基因不是一种实体，甚至一种精神实质，而是对教育现象的一种深层次结构。另外，也不能将教育结构或教育内涵就此简单理解为教育基因。

教育基因是一个多么具有想象性而又充满朦胧性的术语！但它并不是"空中楼阁"。尽管教育基因看起来很是幻境，但它确然是一种艺术存在，或者说至少具有艺术性。艾·弗洛姆（Erich Fromm）说："学会一门艺术的过程可以简单地分为两个部分：一是理论的掌握，二是实践的掌握。"[1]因而，教育基因的运用，无外乎理论性的把握与实践的操作方式两个维度。对教育基因理论的观照，可以帮助我们深刻地把握教育文化历史变迁的内在联系，解释教育历史发展的深层次脉络，一探教育传统一以贯之的内在机制，为传统教育的多层次、多元化挖掘寻求一条新的研究路径。另外，从实践性来说，教育基因是教育延续的基本元素、功能因子。教育传承离不开教育基本元素、功能因子，教育基本元素、功能因子又因教育得以薪火相承。二者相生相依，教育的深层结构便是蕴含着这样的教育基因。教育基因通过"凝固"和"内化"而实现。各个历史时期的教育促进集体、个体的生理结构、心理结构及社会性的内化，同

[1] ［美］艾·弗洛姆：《爱的艺术》，李健鸣译，上海译文出版社2008年版，第4页。

时，集体、个体也在日积月累的实践中凝聚和内化着人类在长期进化中所获取的教育要素或教育结构。这些教育要素或教育结构经过生物性遗传和社会性获得遗传，经过互相渗透、选择、涵化，最终凝聚、内化为具有民族或族群的普遍性、稳定性、地域性特征的内在心理、道德、思维方式的深层次教育意义结构——教育基因。[1]

但是，教育基因如此类似于生物基因，那么，教育基因也必然存在基因序列问题。也即教育基因如何排列，运用何种肌理进行排列组合，以及衍生出新的教育要素、教育结构或教育形式的手段等问题。若究明其义理，则又是一个长远而又艰深的探索历程！

2. 教育基因的特征

特征是人或事物可供识别的特殊的象征或标志等，是某种事物所具有的特性的东西。也就是说，特征界定了某种事物内在的、独有的性质。为了进一步明确和界定"教育基因"的概念内涵，我们有必要梳理一下教育基因的特征。在笔者看来，教育基因有如下特征：①深层性。教育基因是最为深层次的教育意义结构，表现了教育结构或教育基本单位的基础性质、深刻动因及前提因素，但教育基因又必须附着于教育结构或教育基本单位上进行构造。②长久性。教育基因是在长期历史发展中形成的，保留在某个民族或族群的教育文化现实生活中，并

---

〔1〕 张立文：《传统学引论——中国传统文化的多维反思》，中国人民大学出版社 1989 年版，第 37 页。

一直发展着延续至今。③稳定性。每个民族或族群的教育文化都存在一定的"根"和"魂"——教育基因，即使经历斗转星移、历史车轮的碾压，但其至今仍然会保留原有的基本特征，教育文化最深层的基础性质、深刻动因及前提因素也不易改变。④复制性。正如格尔茨所说一样，"就文化模式，即象征符号体系或象征符号复合体而言，此处对我们具有头等意义的一般特征是：他们是外在信息源……我所说的'信息源'的意思仅在于，他们像基因一样提供蓝本或模板，根据这个蓝本或模板，外在于它们的那些过程可以得到一个确定的形式"。[1]教育基因为教育提供一个模板，使特定的教育传统或教育结构在衍化、流变中获得参照的基准、基本的结构样式，从而实现教育基本要素的连续复现。⑤区域性。不同民族、不同地区、不同族群都有着各自特殊的历史和文化传统，教育文化也不尽相同。因此，教育基因具有独特性和区域性。⑥普遍性。需要特别注意的是，教育基因在具有区域性的同时，也具有跨越时空的特性，即普遍性。这是因为有一些具有普世价值的因素存在于教育基因中。各地可以相互借鉴、相互吸收，了解教育基因中的内在普遍性，更有利于我们客观地了解教育基因背后的普世价值。

---

　　[1]　[美]克利福德·格尔兹：《文化的解释》，纳日碧力戈等译，王铭铭校，上海人民出版社1999年版，第106~107页。

第二节　理论基础

一、解释人类学视野下的仪式理论

克利福德·格尔茨是解释人类学的创始者和倡导者，一直专注于研究文化与符号。在格尔茨看来，文化就是历史延续下来的体现在象征符号中的意义体系。很明显，这是基于符号学层面的描述。正如格尔茨所说，"我所采纳的文化概念，本质上属于符号学的文化概念"[1]。所谓"意义"是指对认识、情感、道德等一般性概念的分析和思考。更简单地说，就是社会行为和文化现象所蕴含的精神内容对外在产生的影响、功能和意义。"象征"，就是指传递或承担某种意义的一种物质、行为、事件、言语、性质或关系。也就是说一个数字8、数字6、五星等都可以是象征符号，因为他们都蕴含着某种意义，是人类可以感受到和认知到的关于"意义"的系统描述。换句话说，象征符号就是认识、思想、道德、情感、心理塑造的具体体现，是这些"意义"的具象承担者。从这个角度说，象征符号当然不等同于文化，即使象征符号很像文化。

格尔茨采用的是一种符号学的文化概念，并以解释学的视角进行文化研究。这就意味着：其一，格尔茨追求的是一种文

---

[1]　［美］克利福德·格尔兹：《文化的解释》，纳日碧力戈等译，王铭铭校，上海人民出版社1999年版，第5页。

化阐释。人类文化的基本特点是符号的和阐释性的，作为文化研究的人类学也是阐释性的。其二，是对当时盛行的功能主义人类学流派的一种突围。格尔茨认为："使斗鸡与平常生活过程分离，将其从每日的实际事物范围中提出来，并用夸大其重要性的光环围绕它的做法，并非如功能主义社会学所认为的，旨在强化不同地位之间的区别（在一个所有活动都在声明这些区别的社会中，这种强化几乎是不必要的），而在于它对把人类区分为固定的等级序列并围绕这一区分组织起共同生活的主体提供了一个超越社会的解说。"〔1〕

基于此，格尔茨专心于仪式和象征符号的研究。仪式中充满了复杂而丰富的象征符号，其本身就是一个象征符号系统。正如格尔茨所指出，宗教是"①一个象征的体系；②其目的是确立人类强有力的、普遍的、恒久的情绪和动机（moods and motivation）；③其建立方式是系统阐述关于一般存在秩序的观念；④给这些观念披上实在性的外衣；⑤使得这些情绪和动机仿佛具有独特的真实性"〔2〕。每一种仪式就是一种文本的集合体，我们需要从这些文本的背后去解读它们。因为仪式作为一种象征符号群，"具有天然的双重性，既按照现实来塑造自身，也按照自身塑造现实，它们以此把意义，即客观的概念形式，

---

〔1〕［美］克利福德·格尔兹：《文化的解释》，纳日碧力戈等译，王铭铭校，上海人民出版社1999年版，第506页。

〔2〕［美］克利福德·格尔兹：《文化的解释》，纳日碧力戈等译，王铭铭校，上海人民出版社1999年版，第105页。

赋予社会和心理的现实"[1]。

不过,格尔茨对于仪式的研究,目光并未仅仅局限于宗教层面上,还涉及了国家权力层面,同时还扩充到非宗教中的人们日常生活仪式领域。格尔茨将多层次的仪式称作为一种"文化表演"(cultural performance)[2],并把宗教仪式视为"文化表演",以此为视角阐释了宗教仪式的情绪、动机及形而上的民族精神观念。因为任何宗教仪式无论显得多么具有自然性和习惯性,都涉及精神气质与世界观的象征性融合。[3]这实际上是将宗教仪式与社会体系的探讨转移到包括智力、情感心理、社会及道德等方面的文化意义分析上来。格尔茨认为,宗教仪式对于参与者来说,"宗教表演还是对宗教观点的展示、形象化和实现,就是说,它不仅是他们信仰内容的模型,而且是为对信仰内容的信仰建立的模型"[4]。对于参观者来说,"宗教表演理所当然地只是某一特定宗教观点的呈现,并且因而可被审美地欣赏、科学地分析"[5]。

仪式不仅属于一种历史存在物的现实展示形式,更是一种

---

〔1〕 [美]克利福德·格尔兹:《文化的解释》,纳日碧力戈等译,王铭铭校,上海人民出版社 1999 年版,第 108 页。

〔2〕 [美]克利福德·格尔兹:《文化的解释》,纳日碧力戈等译,王铭铭校,上海人民出版社 1999 年版,第 129 页。

〔3〕 [美]克利福德·格尔兹:《文化的解释》,纳日碧力戈等译,王铭铭校,上海人民出版社 1999 年版,第 129 页。

〔4〕 [美]克利福德·格尔兹:《文化的解释》,纳日碧力戈等译,王铭铭校,上海人民出版社 1999 年版,第 130 页。

〔5〕 [美]克利福德·格尔兹:《文化的解释》,纳日碧力戈等译,王铭铭校,上海人民出版社 1999 年版,第 130 页。

可供人们参与和认知的内容。它既凝聚了人们对生活的信仰，又提供了人们一种可以认识世界的文化活动。这样，社会形式与意义系统之间就形成了一个具有理解性和阐释性的巨大空间。因此，格尔茨指出："寻求这个仪式的意义，其着眼点之一，是它理应扮演的大量神话、传说和明确的信仰。"[1]"仪式表演本身，引导人们承认支持着仪式所体现的宗教观的权威。通过借助于单独一套象征符号，引发一套情绪和动机（一种精神气质），确定一个宇宙秩序的图像（一种世界观），这种表演使得宗教信仰的'对象'模型（models for）和'归属'模型（models of）仅成为互相之间的转换。"[2]在系统分析巴厘人的王室仪式后，格尔茨进一步阐释道："巴厘人，不仅在王室仪式，而且在普遍意义上，将他们对万物之终极存在方式的综合性理解，及人们因此应该采取的行动方式，投射到最易于直接把握的感官符号当中去——投射到由雕刻、花朵、舞蹈、乐器、手势、神歌、饰物、庙宇、姿势和面具的复合体之中——而非投射到一组以推理方式把握、组建起来的确然的'信念'之中。"[3]

格尔茨将这一学术理念又进一步发挥到了政治文化层面。政治仪式作为国家层面的一种权力实践，影响着人们的观念体系。格尔茨在《尼加拉：十九世纪巴厘剧场国家》中以个案研

---

〔1〕［美］克利福德·格尔兹：《文化的解释》，纳日碧力戈等译，王铭铭校，上海人民出版社1999年版，第134页。

〔2〕［美］克利福德·格尔兹：《文化的解释》，纳日碧力戈等译，王铭铭校，上海人民出版社1999年版，第135页。

〔3〕［美］克利福德·格尔兹：《文化的解释》，纳日碧力戈等译，王铭铭校，上海人民出版社1999年版，第116页。

究的形式描绘了东南亚历史上曾经存在的一种国家状态,并将它与近代以来的现代国家形态和理念交相映照。并沿着马克斯·韦伯(Max Weber)的理路,从历史资料和田野经验中建构了一种"剧场"式的国家形态。但《政治表述:辉煌与庆典》是该书最为精彩的部分。格尔茨认为尼加拉成为一个政治共同体的力量,来自巴黎的王室庆典。这场王室庆典具有一种向心力,即巴黎政治的驱动力。一个君王的葬礼则清晰地展示了全体人们被卷入尼加拉事务的缘由。格尔茨借助了一位荷兰学者关于这场葬礼的记录,展开对巴厘国家仪式的文本式阐释。葬礼本身由一系列象征符号组成:莲花宝座、林加、布蛇、宝塔、兽棺以及牺牲者头上的白鸽等。这些象征符号共同构成了一个意义体系,即神的世界与人的世界的融合。在仪式的高潮,人们对于神的崇拜转化为对君主及其尼加拉的膺服。这就是尼加拉的全部内涵:没有控制、命令,国家运行一样得以可能。格尔茨对权力的象征机制进行"深描",阐释了权力的诗学在巴厘社会中的作用。

因此,仪式作为一种象征符号系统,一方面通过象征隐喻文化的意义,另一方面又是文化持有者的具体社会行为的实践。这就是仪式的文化动力,格尔茨称之为"仪式窗户论"(window of ritual),格尔茨认为:"作为文化原动力的'窗户',人们通过仪式可以认识和创造世界。"[1]仪式为文化持有者打开了一扇

---

〔1〕 Catherine Bell, *Ritual Theory*, *Ritual Practice*, Oxford: Oxford University Press, 1992, p. 3.

窗户，提供了文化持有者认知、理解、阐释和实践其世界观、精神观、宇宙观的观念框架，又承载着文化持有者日常生活的特定意义。在一个特定的文化行为场景中，仪式总与其中的文化生态背景相互关联，是一种有待于解读的"文化文本"，总能升华和强化人的情感。

本研究以民国《孔子世家谱》撰修仪式为个案，从教育学、人类学、历史学的跨学科视角切入，通过"深描"民族志和田野调查，将文化人类学研究仪式的长处引进教育史研究，以此阐释民国《孔子世家谱》撰修仪式的深层次教育意义结构。

二、"深描"理论

格尔茨借用了吉尔伯特·赖尔的术语——"深描"（thick description），以此来规定民族志书写的事业。赖尔在《心的概念》中讨论了"深描"概念，意在研究"思想家"在做什么的问题。赖尔以眨眼为例作了直观的说明。他将眨眼分为四种情况：①无意识地抽动眼皮，就是我们自然、平常状态下地眨眼皮。②带有某种目的地抽动眼皮，即眨眼示意。就是在具备公共认知的前提下，一个朋友给另一个朋友了一个眼色，一个密谋的信号，一种特殊的寓意。这是一种示意动作，一个小小的动作，却展示着一种细微的文化。③对抽动眼皮、眨眼示意的做法模仿。其中也存在着一个意义——一种社会公共认知——目的在于制造嘲弄、作恶作剧。④讽刺家在舞台上表演眨眼示意的重复排练、练习。赖尔进一步分析，认为对眨眼行为（滑稽模仿者、眨眼示意者、抽动眼皮者、眨眼排练者）的事实记述与对其行为（一个朋友向另一个朋友眨眼，进行密码信号的交流）的"深描"之间存在着民族志的客体，即浅层描述与"深描"之间的差异：一个分层划等的意义结构。对于眨眼来说，它意在解释抽动眼皮、眨眼示意、滑稽模仿与滑稽模仿排练的四个不同的意义结构。如果不存在这样的意义结构，我们就区分不出来以上四种眨眼情况，四种眨眼情况也就无所谓存在。

格尔茨说，"文化活动，即符号形式的建构、理解与利用，如同其他一切，都是社会事件：它像婚姻一样公开，像农业一样可视"，"社会的形式是文化的内容"。如果我们把眨眼也视为一种文化，那么四种眨眼行为就构成了不同的文化层面。因为眨眼蕴含着大量的社会内容，包含了不同的文化意义。也就是说，"深描"在这里的工作，就是区分和解释了这四种眨眼情形所代表的意义。它把抽动眼皮看作了一个文化符号，进行分层次的还原分析，进而解释其中的意义结构。解释人类学的工作便是如此，理解其中的意义结构，对"眨眼"这一文化符号或文化行为进行层层解释——抽动眼皮、眨眼示意、滑稽模仿、滑稽模仿的排练的四个分层划等的意义结构——即"深描"。

所谓"深描"，就是扎根于地方意义世界中，在充分熟悉地方性象征符号系统的基础上，基于"理解的理解""解释的解释"的视角，对人类有史以来的各种文化现象（文化符号）、文化行为进行层层深入的描述和分析（解释）的手法。这一概念诠释至少可以说明"深描"不是普通意义的描述，不应该理解成是浅层描述。严格地说，它是一种解释性的描述，即至少包括深度描述和深度阐释两个层面，具有描述和阐释两个向度。需要指出的是，深度阐释过程就是格尔茨所要表达的解释过程。其中至少包含着三种含义：

第一，"深描"对象是象征符号系统，具有微观性。格尔茨认为，"文化概念本质上属于符号学的文化概念"，"深描"是基于符号学方法的描述，建立在充分熟悉地方象征符号系统及其内在结构基础上，充分理解和把握地方象征符号系统的意义结构，并将文化系统、社会系统、心理系统及其各系统要素之间的相互关联的复杂互动机制阐释出来。因而，"深描"即是采用符号学方法对文化现象、文化行为等象征符号（群）所表达的概念系统进行意义阐释。

第二，"深描"目的在于意义体系的理解。在吸收韦伯的"行为""意义""理解"等思想前提下，格尔茨将文化视为一种象征符号系统，是通过象征符号这一形式所表达的有系统的意义体系。"我与马克斯·韦伯一样，认为人是悬挂在由他们自己编织的意义之网上的动物，我把这些文化看作这张网，因而认为文化的分析不是一种探索规律的实验科学，而是一种探索意义的阐释性科学。"[1]文化即为意义之网，是由历史上沿袭下来的依靠象征符号表达并付诸象征符号之中的意义模式和概念

----

〔1〕〔美〕克利福德·格尔兹：《文化的解释》，纳日碧力戈等译，王铭铭校，上海人民出版社 1999 年版，第 5 页。

系统。作为一种意义取向的文化，"深描"正是一项经过精心策划地进行深度记叙的民族志工作，通过建构分层划等的文化层次，在行动与文化之间阐释着行动的意义系统。

第三，"深描"具有阐释性。"深描"显然具有阐释的性质，挖掘出深层次意义结构的文化，离不开对人类社会行为和内在意义的阐释。正如格尔茨所说："文化活动，即符号形式的建构、理解与利用，如同其他一切，都是社会事件：它像婚姻一样公开，像农业一样可视。"[1]即"深描"不是被阐释的文本，也不是指研究对象的深或浅，更不是普通意义的描述，不应该理解成是浅层描述，而是建立在"理解的理解""解释的解释"的基础上进行的工作。亦即在描述中阐释，"深描"不在行动中，而存在于地方性意义世界与文化意义体系框架之内，重构文化象征符号体系的表层和深层含义。严格地说，它是一种阐释性的描述，即包括深度材料、深度描述和深度解释三个层面，具有描述和解释两个向度。"深描"就是将一整套分层划等的意义模式阐释出来。正如格尔茨所言："我追求的是阐释，阐释表面上神秘莫测的社会表达方式。"[2]

"深描"的分析路径，就是以象征行动论为中心，运用解释学的策略，去探索人类的行为表现意义。具体来说，可以分为以下几个步骤：首先呈现出可贯穿研究对象的象征符号（群），

---

〔1〕［美］克利福德·格尔兹：《文化的解释》，纳日碧力戈等译，王铭铭校，上海人民出版社1999年版，第106页。

〔2〕［美］克利福德·格尔兹：《文化的解释》，纳日碧力戈等译，王铭铭校，上海人民出版社1999年版，第5页。

然后针对象征符号建构一个分析体系，使象征符号的一般特点及其属于象征符号的本质特点（即文化特质）显现出来，并让象征符号与其他人类行为的决定因素形成对照，从而解释出象征符号行为在社会生活中的作用。这里需要指明的是：格尔茨建构的分析体系是"动态功能主义"模式。"动态功能主义"模式提出的原因之一是，传统功能主义"不能平等对待社会过程和文化过程"。这个模式的特点在于囊括了文化体系、社会体系、人格体系的三维结构，并强调了这三个体系是相互独立却又彼此依赖的。"动态功能主义"模式的分析体系，旨在通过"深描"的方法，揭示出文化系统及各系统要素之间的互动机制。这些互动机制是指象征符号对文化体系、社会体系、人格体系及其三者之间互动的影响，即象征符号中蕴含的意义结构，包括象征符号对当地人群的观念、气质的塑造作用，象征符号对人类行为、态度、习惯等的规范和制约作用。象征符号对文化系统、社会系统与人格系统的影响，便构成了完整的意义系统。在"动态功能主义"模式分析框架下解释象征符号活动对三维结构的互动影响，需要"与其他人类行为的决定因素形成对照"。这个决定因素，一是研究对象对其本土化经验感受、价值取向，二是借助其他相关研究成果的概念。在格尔茨看来，所有文化分析都不是白手起家的，都不是另起炉灶产生的，而是将其他相关研究成果的概念借鉴过来，运用到新的分析框架中去，让象征符号和这个概念相对照，进而分析出象征符号背后的意义系统。

格尔茨在《深层的游戏：关于巴厘岛斗鸡的记述》一文中，将斗鸡视为一个象征符号群，同时选择了雄鸡、赌金、赌博游戏、羽毛、血、人群和金钱作为典型象征符号。本篇民族志实际上由六个部分组成。第一部分"突然袭击"，实际上是背景介绍。第二部分"雄鸡与男人"，描述了巴厘人对斗鸡的精心饲养和训练。第三部分"搏斗"，研究了安装距铁、斗鸡的比赛规则。第四部分"玩火"，描述了赛圈中心、赛圈周边巴厘人斗鸡的赌博规则，将赌博本身作为一种文化定型进行了分析。但这四部分实际上是描述了巴厘人对斗鸡的认识，是当地人的理解，因而还属于浅层描述。真正吸引格尔茨的是斗鸡这一符号在巴厘岛中特定的文化背景下的象征意义，将斗鸡与巴厘这个地方意义世界联系在一起，开始解释人类学的文化分析。"深描"的魅力由此开始。第五部分，跳出形式，进入更为广阔的社会学和社会心理学的关注领域，借用边沁的"深层的游戏"的概念，进行了广泛的分析。以赌博这一社会行为作为象征符号，解释了巴厘人的社会结构与斗鸡活动的关系，指出动机是为了某种象征地位的意义，根本上是一种地位关系的戏剧化过程。第六部分，选择了羽毛、血、人群和金钱作为象征符号，以奥登的挽诗作为对照，从巴厘人的性格、气质、心态等方面挖掘了斗鸡在巴厘人中的意义，并分析了斗鸡符号对巴厘人气质的塑造作用。格尔茨并赋予了其最终解释："斗鸡的功能，……在于它的解释作用，它是巴厘人对自己心理经验的解读，是一个他们讲给自己听的关于他们自己的故事。"围绕斗鸡这一象征符号群的"深描"至此结束。

"深描"理论的核心在于人类学家像文化持有者一样言说其自身文化的言说，即"阐释他人的阐释"。文化持有者的内部眼界（the native's point of view），正是"深描"得以运用的一大方法。它的含义是研究者从异文化的角度，用当地人的眼界去解释他们行为所蕴含的意义。换句话说，就是研究者放弃自身立场的观察视角，通过民族志记述的方式去得出一个族群在面对一些特定事件时可能采取的应对方式。文化持有者的内部眼界的关键在于"入乎其内，出乎其外"。需要将自己置身于原生性历史情境中，悬置起自己的价值观，充分熟悉并体验当时人对象征符号的理解和感知，尽可能用当时人的概念语言、观念系统去描述、呈现当时人的事实建构，随之用学术语言或研究者自身概念语言去阐释文化的深层次意义结构。在格尔茨看来，人类学家具有双重性，他本身是局外人，但同时又必须是局内人，"在面对每个独特的案例时，究竟应该如何部署运用这两类概念，方能产生对一个民族生活方式的恰当阐释？这种阐释既不该被那个民族的心灵疆域所局限（好比把关于巫术的民族志写得像一位巫师的夫子自道），也不该对该民族的存在样态所抒发出的独特音色始终充耳不闻（把关于巫术的民族志写得像是一个几何学家的作品）"[1]。可见，格尔茨并未毫无保留地全部接受文化持有者的观点，而是持有辩证的态度。只有自觉培

---

〔1〕［美］克利福德·格尔兹：《文化的解释》，纳日碧力戈等译，王铭铭校，上海人民出版社1999年版，第93页。

育出文化持有者的内部眼界的立场和心态，才能在"深描"中避免出现意识形态化、个人情感化的想象和偏见。

将"深描"理论应用于研究的典范莫过于罗伯特·达恩顿（Robert Darnton）的《工人暴动：圣塞佛伦街的屠猫记》。"本书探讨18世纪法国的思考方式。书中试图陈明的不只是人们想些什么，而且包括他们怎么思考——也就是他们如何阐明这个世界，赋予意义，并且注入感情。"〔1〕该文并没有止步于当时法国文化现象的浅层描述，而是从社会、节日、象征三个层次深入阐释了屠猫事件这一文化符号背后的意义模式。有学者认为："如果把一个国家的文化比喻为一个有机体，本书可以说是从法国文化史取下一个组织切片，然后拿来做断层扫描。"〔2〕在书中，达恩顿一直努力建构带有民族志特点的历史学，致力于寻求人类学与历史学的合流，将仪式、文本或行为作为研究历史的切入点，站在当地人的立场上，理解当地人所理解的文化符号的观念结构，并以此寻求其中的意义结构。

---

〔1〕［美］罗伯特·达恩顿：《屠猫记·法国文化史钩沉》，吕健忠译，新星出版社2006年版，第1页。

〔2〕［美］罗伯特·达恩顿：《屠猫记·法国文化史钩沉》，吕健忠译，新星出版社2006年版，第1页。

第二章

走进仪式:《孔子世家谱》 撰修仪式的文化认知

第一节　《孔子世家谱》撰修的历史溯源

　　《孔子世家谱》已延续两千五百年，素以延时之长、族系之明、纂辑之广、核查之实、保存之全著称，被吉尼斯世界纪录列为"世界最长家谱"。《孔子世家谱》能够延续至今，有赖于历代不间断的撰修。撰修由来已久，最早可见于司马迁的《史记·孔子世家》。其历述道："孔子生鲤，字伯鱼。伯鱼年五十，先孔子死。伯鱼生伋，字子思，年六十二。尝困于宋。子思作中庸。子思生白，字子上，年四十七。子上生求，字子家，年四十五。子家生箕，字子京，年四十六。子京生穿，字子高，年五十一。子高生子慎，年五十七，尝为魏相。子慎生鲋，年五十七，为陈王涉博士，死于陈下。鲋弟子襄，年五十七。尝为孝惠皇帝博士，迁为长沙太守。长九尺六寸。子襄生忠，年五十七。忠生武，武生延年及安国。安国为今皇帝博士，至临淮太守，蚤卒。安国生昂，昂生欢。"司马迁所撰孔氏族谱，共14代16人，按各人先后次序编订，将世系、名字、享年、官职一一记录。自司马迁编《孔子世家》后，从汉至唐，孔氏族谱均由国家统一撰修，只记录嫡长承袭者一脉。这些谱牒均为手抄本［北宋元丰三年（1080年）首次刻版印刷］，多久佚不传。

明代之前，孔氏族谱撰修年限的时间长短并无统一规定，基本处于自发状态。孔氏族谱名称也无定例，如《孔氏谱》《阙里世系》《阙里谱系》等，取名各不相同。直到四十六代孔宗愿受封衍圣公后，才由其弟刑部侍郎孔宗翰撰修孔子家谱。全谱兼采嫡庶各支系，并刊刻收藏，以防散佚。正如孔尚任在《孔子世家谱》"跋"中记载一样，"孔氏之有谱系，始于太史公《世家》。其后相继编述，仅载嫡长。合支庶而纂之，则四十六代祖侍郎公讳宗翰也"。民国《孔子世家谱》"序"中也记载道："考我家乘宋以前衹具册写，自四十六代宗翰祖始创为刊印。"此外还创立谱例，使历代相延，自此孔子家谱撰修皆以此为蓝本，标志着孔氏全族正式有家谱。民国《孔子世家谱》在"前言"中即开宗明义地指出："孔氏之有谱自宋元丰始也。"

明代以后孔子家谱撰修年限才有明确的定约，"至明弘治间六十一代弘泰公首竟重修之业，并定三十年一小修、六十年一大修之规"[1]，使孔子世家谱永远世系不乱。但后来并未完全按照此项规约修谱。孔氏族谱至今虽有数百种存世，然至民国前，由衍圣公府发起，旨在合族修谱的共有三次：明天启二年（1622年）六十五代衍圣公孔衍植编纂《孔子世家谱》，清康熙

---

〔1〕 孔德墉主编，孔子世家谱续修工作协会编纂：《孔子世家谱》（第1册），文化艺术出版社2009年版，第1页。

二十一年（1682 年）孔尚任主纂《孔子世家谱》（有清一代第一个甲子年），乾隆九年（1744 年）孔继汾主修《孔子世家谱》（第二个甲子年）。[1]另清顺治九年（1652 年）六十六代衍圣公孔兴燮、光绪二十年（1894 年）七十五代衍圣公孔祥珂亦进行了小修，但为小修之期，仅备合族修谱之用。

明天启谱，由孔子六十一代孙孔宏颙主持编修。定名《孔氏族谱》，意为合族全谱。全谱共 8 卷，刊印 98 部，现存 3 卷，已成为善本秘籍。为防止家谱流出和私印，98 部族谱均盖有衍圣公府和曲阜县大印，再行分发。族谱撰修工作具体由四氏家庠廪生孔弘颢任纂修，世职知县孔闻简、洙泗书院学录、林庙举事孔弘颙，以及孔闻弦、孔闻谟、孔贞祚等分别负责捐资、督刻及检阅等事务。卷首有孔胤植、孔闻简和孔弘颢序及孔宗翰旧序，另有孔宏颙《孔氏宗传总论》《伪孔考》二文。体例以始祖孔子为首，次世系，中兴祖孔仁玉再次，中兴祖后分五十七户。

清康熙谱，由孔子六十七代衍圣公孔毓圻主持编修。家谱正式更名为《孔子世家谱》，分为 24 卷，另有卷首和卷尾，共刊印 100 部。衍圣公孔毓圻编订修谱事宜，广告本族，成立鉴定、监修、督刊、编次、校阅六个组织机构。具体由孔尚任为纂修，孔毓圻、孔衍靖、孔衍洪、孔弘依、孔贞枚、孔兴钊等分负其责。修谱从清康熙二十一年（1682 年）八月十八日开

---

[1] 孔庆福:《孔子世家谱探索》，载云南孔子学会研究会编:《孔学研究》（第 7 辑），云南人民出版社 2001 年版。

馆，至康熙二十二年（1683 年）十二月十九日告庙结束，共历时十五个月零两天。族谱卷首依次收录新旧序 9 篇，《宗派总论》《嫡裔考》《伪孔辩》《修谱事宜》《榜示条规》，及孔尚任撰写的《修谱凡例》，另增《姓源》、图表，重修孔子《年表》。清康熙谱体例完备，第一次记述了曲阜孔子后裔二十派六十户世系情况，卷末《流寓记》还增补了 10 个迁徙在外的支派。

清乾隆谱，由孔子七十一代衍圣公孔昭焕主持编修。全谱24 卷，刊印 120 部。后受禁谱事件影响，族谱悉数收回，重新修订为 22 卷本，刊印 165 部，颁发至各户各支族人收藏。族谱撰修从清乾隆九年（1744 年）二月开始，至乾隆十年（1745 年）八月结束，共用十九个月时间。衍圣公府设立谱局，分总裁、提调、监修、编次、校阅、收掌、誊写、督刊、收发和供应十个组织机构。具体由孔昭焕任总裁，知县孔传松等任提调，孔继汾等三人任编次。族谱体例多依前谱，卷一为始祖孔子至四十二代，卷二为中兴祖孔仁玉至五十二代，以下 20 卷为二十派六十户。

第二节 民国《孔子世家谱》撰修仪式的民族志记述

一、仪式前：修谱准备

到民国十三年（1924 年）又恰好是一个甲子年。此时七十七代衍圣公孔德成才 4 岁，故修谱大事未提上日程。但孔府早已为修谱开始做准备。民国十一年（1922年）五月,陶太夫人令族长传谕六十户调查各户世系,造册呈送,预备修谱。[1]民国十七年（1928年）,控股责任倡议撰修合族大谱,陶太夫人出面同"四十员"商议,报请政府请求撰修《孔子世家谱》,不久政府回文同意。

在修谱中,六十户各户的祠堂都要修葺。1921年8月,陶太夫人饬令孔府工匠将报本堂修理一新,并换夹室东山墙。1922年6月,陶太夫人邀请阖族商议建立祠堂,拟将东学大厅三间改建。9月,陶太夫人令奉卫官将庙内斋宿院死树两株铲去,以备修庙;又饬孔府工匠修庙内先师手植桧玻璃罩。10月,饬工匠修理列国殿石碑玻璃罩。1923年1月,陶太夫人饬令孔府工匠修盖西园新花厅,并将花园上房亭子一律修整。5月,陶太夫人令工匠将大门外墙壁重修一新;又饬匠工修神主九十余尊,以备供奉新建祠堂。6月,陶太夫人将收回公房股本利息一款移作修葺启圣林一程。10月,陶太夫人饬油画工修理新花厅及花园上房彩画一新。11月,陶太夫人邀请阖族会议,建修述圣专庙,拟就瞾相圃基址,呈请大总统审核。1924年1月,陶太夫人饬工匠修理启圣林开工,并谕林头看守各科,复请曲阜县派警前往保护。5月,陶太夫人咨请省长派员监修圣庙寝殿工程。12月,陶太夫人派书房恭书历代神主,自四代到四十八代一律补齐。1926年1月,陶太夫人整理大庄花园,遍植桑树,

---

〔1〕《孔府档案》,孔府档案研究中心藏,档案号6633。

派园夫看守。3 月，陶太夫人饬工匠重修西仓敬畏堂。[1]此外，如纸坊户祠堂在原本就有，在曲阜城北小孔家村。年久失修，祠堂已崩坍。修谱时，祠堂又重建，规模不大，有三间小屋。[2]

二、仪式中：修谱开启

修谱工作筹备两年，此时衍圣公孔德成也已 10 岁，孔府于一九三〇年夏历十月初十正式告庙开馆修谱，成立"曲阜全国孔氏合族修谱办事处"（以下简称"谱馆"，古时称"纂局"）。仪式在孔庙诗礼堂举行。孔德成身着古代祭服，率领修谱人员到家庙、崇圣祠、报本堂恭行祭告，然后同回诗礼堂。孔德成率族众行三跪九叩大礼，众人又依次向年方 10 岁的衍圣公孔德成作揖行礼。仪式完毕后，在大堂设宴款待族人，大堂前扎起彩棚，鸣放鞭炮。原本冷清的孔府，一下子热闹起来，"像过年一样高兴"[3]。

告庙致祭后，各执事人员进入谱局内办公。修谱工作由衍圣公孔德成担任总裁，由族长孔传堉、四十员中的孔印秋、孔继纶等三人主持日常工作，谱局有 66 名职员，另有一些勤杂员役。办公地点设在大堂、二堂和三堂。孔府三堂东西两侧的十几间厢房腾出来，作为族谱的印刷车间。一套崭新的印刷设备

---

〔1〕《孔府档案》，孔府档案研究中心藏，档案号 6633。

〔2〕 孔德懋：《孔府内宅轶事——孔子后裔的回忆》，天津人民出版社 1982 年版，第 25 页。

〔3〕 孔德懋：《孔府内宅轶事——孔子后裔的回忆》，天津人民出版社 1982 年版，第 24 页。

是从济南老字号聚文斋印刷所买来的，靠墙一字儿摆开的是一层层的铅字架。

族谱制作时规定严格，杜绝弊漏，有提调、督刊、监修等专职负责，不准有复页缺漏，不准私带出馆，按印数印完即将铅字版销毁，以防多印和私印。

修谱中，谱局需和全国各地孔氏族人联系。从掌握资料来看，孔府修谱动员的组织方式，主要依托三种：

（1）在修谱一开始，孔府便以宗子衍圣公孔德成的名义发布了《宗府布告》。《宗府布告》中说：

> "为合修全国族谱事，恭照谱牒之作，上而尊祖，下而收族，至重事也。况我家籍，承圣泽，世沐国恩。千年衍麟绂之祥；百室共蕃繁之庆。屡届甲子未获大修，今合全国人丁益众，亟宜缵承旧绪，衰益新编，式联敦睦之情，因备献征之载。为此选择族彦之取吉于本年冬十月初十日开馆。"[1]

（2）孔府委派孔庙四十员执事官前往全国各地联络孔氏族人，以孔德成的名字具名写信。如孔德成给江西省临川县第一区第二联保办公处信中写道："……至于修谱之事，刻下已联合全国族人在曲设馆兴修。"[2]全国各地普遍设立通信地址，信息

---

〔1〕 孔德成总裁：《孔子世家谱》（一），山东友谊书社1990年版，"卷首·修谱事宜·宗府布告"。

〔2〕 孔德懋：《孔府内宅轶事——孔子后裔的回忆》，天津人民出版社1982年版，第23页。

传递更加便捷，节约时间成本，提高修谱效率。此外，以衍圣公的名义具名写信，是因为衍圣公是孔氏家族的象征，族谱的撰修是关乎宗族集体利益的大事，而非一人之私事。带有衍圣公字样，更能彰显宗族整体利益。

（3）孔府还利用报纸这一新媒体进行修谱动员和宣传。在《申报》[1]上刊登广告，以此告知全国各地的孔氏族人，以此达到短期内"广而告之"的目的。孔府在 1928 年 11 月 15 日首次在《申报》上刊登《全国孔氏合修族谱启事》："孔氏自宋分南北宗后，对于谱事，从未合修。今特在曲阜城内设立筹备处，倡修大谱。修谱简章函、谱简章函索即寄，凡我族人面函该处接洽可也。此启。"[2]此后，半个月的时间内持续发广告，一直到 12 月 14 日。1929 年 2 月 15 日再次登报，强调："我族自宋分南北宗，迄未合修大谱。兹为敬宗收族计，设筹备处于曲阜，凡我族人请面函该处索取简章。此告。"[3]至同年 2 月 15 日止。从刊登修谱广告可以看出：其一，在短短数十字之内，修谱广告内容却包括了历代族谱修纂情况、修谱缘由、修谱要求、谱局设立、通信地址等众多信息。其二，孔府三番五次地刊登修谱广告，前前后后持续近一个月，意图动员族众积极参与到修

---

〔1〕《申报》创刊于上海，发行量大，具有广泛的社会影响。关于《申报》广告及其价值的研究，可参见王儒年、陈晓鸣：《早期〈申报〉广告价值分析》，载《史林》2004 年第 2 期；蔡朝晖：《浅议广告的史料价值——以〈申报〉广告为例》，载《新疆社会科学》2006 年第 2 期。

〔2〕《全国孔氏合修族谱启事》，载《申报》1928 年 11 月 15 日，第 12 版。

〔3〕《全国孔氏合族修谱筹备处通告》，载《申报》1929 年 2 月 15 日，第 18 版。

谱活动中来。

具体来说，曲阜当地的六十户，由各家申报，户头、户举严查，计入家谱。对于流散在全国各地的族人，先派出曲阜孔氏子弟按照乾隆年间编纂的《孔子世家谱》，到全国各地的流寓户寻访，每到一处先找到他们的户头，建立修谱办事处，然后再从各地分出去的人家，根据最初出去的聚集地为支系，继续找寻流散的族人，编到各支谱当中。

三、仪式后：修谱告典

经过七年的工作，到 1937 年才完成这次全族修谱工作，此时宗子孔德成已改任"大成至圣先师奉祀官"。族谱撰修结束后，是全家族的一件大事，要举行隆重的告庙祭谱仪式。告祭时，备有祝文，仪式要选择良辰吉日，在孔庙举行，由宗子孔德成主持。祭祀时，将撰修的家谱放置在祝案上，设香豆、笾豆、羊豕、酒醴，宗子行三献礼。颁谱时，每谱一部，加盖大成至圣先师奉祀官印一颗，家族族长图记一方。首先将家谱供在祠堂，其余按编号分给族人，并留有记录，定期检查，如有损坏，则予训斥，如有出卖或供给外姓阅读甚至传抄，就是大逆不道，轻则家谱除名，重则送交官府惩办。仪式结束后，在祠堂里摆花红宴席庆贺，有时还要请戏班连唱几天戏，以示洪福齐天。民国《孔子世家谱》对此次谱成仪式记述如下：

是日陈告，庙谱于家庙正中案上，陈给散谱于诗礼堂。

宗子率众诣家庙行告祭礼，复奉谱告于崇圣堂、报本堂，并如前仪。宗子以下至诗礼堂北面鞠躬四拜，平身。执事者奉谱一部授宗子，宗子跪受，兴退，族中以次进跪领讫，向宗子序揖退。设筵于大堂，遍酬馆员及族人曾效力者。下逮作坊工匠，遍有赏犒。提调敛集谱册，封贮本函而藏之。[1]

这次花费七年时间和巨大人力修成的家谱，是孔府历史上唯一一次由女性——陶太夫人主持的修谱。尽管陶太夫人在修谱准备阶段便已去世，但陶太夫人的发动修谱的倡议及其动机却成为孔氏族人将民国《孔子世家谱》的撰修持续到底的源源不断的动力。民国《孔子世家谱》是一部弥为珍贵的历史文献资料，但奈于当时孔府经费拮据，战事已一触即发，故族谱刊印的数目极少，亦未来得及发到全国各省、县孔氏族人手中。[2]

小　结

族谱作为一种史料，具有特殊的学术价值。梁漱溟认为："族姓之谱，……实重要史料之一。……实可谓史界瑰宝。将来有国立大图书馆，能尽集天下之家谱，惮学者分科研究，实不

---

〔1〕　孔德成总裁：《孔子世家谱》（一），山东友谊书社 1990 年版，"卷首·修谱事宜"。

〔2〕　孔德懋：《孔府内宅轶事——孔子后裔的回忆》，天津人民出版社 1982 年版，第 25 页。

朽之盛业也。"[1]论族谱延续之久、家族生命网络联结程度之紧密，恐《孔子世家谱》难出其右。《孔子世家谱》是一部综合性的传承史，其中蕴含着家族、教育、文化、精神、心理、权力等多层次的变迁史。《孔子世家谱》同时也刻画着孔氏家族发展史，凝结和彰显着孔府文化和精神。这对于教育学、历史学、文化学、人类学、民俗学、社会学、人口学而言，《孔子世家谱》是不可多得的重要文献资料。《孔子世家谱》表述、传承着孔氏家族圣人之道，诗书礼乐无不渗透其间。因而，民国《孔子世家谱》撰修仪式的重要意义就在于再一次全员性地向全体族人传播孔子思想，以此教化孔氏族人。

---

[1] 梁启超：《中国近三百年学术史》，东方出版社 1996 年版，第 361 页。

第三章

仪式空间： 家族文化教育的记忆凝聚体

报本堂、家庙、崇圣祠、诗礼堂作为民国《孔子世家谱》撰修仪式的空间场所，本身是纪念性建筑，与其特殊并且重要的历史现象、文化特征相联系，强化特定的空间精神。在空间设置上，又人为设计建筑、碑墙、楹联、雕塑等，将仪式空间进行分割，形成独特的孔氏家族教育文化的记忆空间。这就意味着，仪式空间已经不仅仅是一个客观的存在，而且是一个抽象的存在，"可以被看作是心理的、社会的和文化的部分现象"[1]，"是由该事件背后的人或组织修建的，因而体现了那些人的价值和行为"[2]，是空间化了的符号。它向孔氏族人传输关于家族文化的教育记忆，成为家族教育文化传播的媒介，实现建构家族共同教育记忆的初衷，对孔氏家族成员的教育记忆起到强化、导向作用。祠堂是族谱撰修场所精神的仪式空间，具有符号化的装点，结构主义的展示，线条、力、结构相结合的均衡美等

---

〔1〕 ［英］布莱恩·劳森：《空间的语言》，杨青娟等译，中国建筑工业出版社2003年版，第6页。

〔2〕 ［英］布莱恩·劳森：《空间的语言》，杨青娟等译，中国建筑工业出版社2003年版，第94页。

特质。不言而喻，孔氏族人进入仪式场所，在特定的空间内，孔氏家族教育文化的历史记忆便得到强化。

第一节 家庙、报本堂、崇圣堂：传统儒家教育文化观的表征

一、家庙、报本堂与崇圣堂的由来

崇圣祠，位于诗礼堂后，原称启圣祠。宋时为斋堂，清雍正元年（1723 年）追封孔子上五代先人为王爵，雍正二年（1724 年）将旧家庙改为崇圣祠以供祭祀。殿内祭祀孔子上五代祖先，是为衍圣公举行家祭之所（如图 3-1 所示）。

图 3-1

　　家庙是衍圣公私祭祖先举行家祭的专祠。宋代孔庙内已建有家庙，位置约在今土地祠处。明弘治十二年（1499年）雷击家庙，大殿被焚，后又重建。清雍正二年（1724年），将家庙改称崇圣祠，于今址重建家庙。明间四座木雕神龛，祀孔子夫妇、孔鲤夫妇、孔伋夫妇及中兴祖四十三代孔仁玉夫妇，东西里间存放祭器、家具等（如图3-2所示）。

图 3-2

　　报本堂位于孔府东路，是家祠所在地。因孔仁玉使孔氏家族得以中兴，[1]后人遂纪念之，专建报本堂。报本堂是奉祭本衍圣公上五代祖先的祠堂，堂内悬挂五代先考、先妣的画像。

---

　　〔1〕　即五代时期的"孔末乱孔"事件，前人已备述始末。可参见孔德懋：《孔府内宅轶事——孔子后裔的回忆》，天津人民出版社1982年版，第29页；叶涛、陈学英、陈凡明编著：《孔子故里风俗》，华语教学出版社1993年版，第94~95页；柯兰：《千年孔府的最后一代》，天津教育出版社1998年版，第20~21页。

报本堂内，祭器、祭品、香烛一应俱全。

二、文化地图：传统儒家教育文化观的镜像

孔氏族人作为孔子后裔，历来袭受儒家思想，世代相传，根深蒂固。受儒家传统文化的影响，孔府族人的血缘宗族观念、家族观念极为浓厚，视个人与家族为一体。祠堂、族谱、祭祀是每一个家族的三件大事。祠堂作为家族最重要的象征，被视为宗族的标志与根基，是一个家族精神气质和神圣的概括和凝结。因此，祠堂"一柱一梁的构建、一字一画的含义都对族人起到点拨、勉励的作用"[1]。

崇圣祠于明弘治十七年（1504 年）重建，五间，"高三丈，阔七丈二尺，深三丈六尺，前廊擎檐柱中二根盘龙，傍四根镂花，俱石柱……内神龛四位连座……内外枋檩斗拱俱用上等青绿间金妆画"[2]。今存建筑为单檐庑殿顶，屋顶用绿色琉璃瓦，木架为九檩四柱前后廊式，檐下斗拱为五踩重昂。前有廊，前廊用步梁，后廊用双步廊。前檐柱为石柱，中檐二根高浮雕盘龙，旁四根减地平镂花卉，刻牡丹、菊花、荷花、石榴、番莲等。高浮雕龙柱线条流畅，构图和谐，龙嘴似猪嘴，胡须前伸，颈细身粗。家庙面阔七间，进深三间，黄瓦绿边，木架为七檩四柱，前面为廊，后面封闭。殿前拜台砌须弥座，前设台阶，拜台通道中心设石雕经幢，上雕莲花盆，中雕八棱幢柱，浮雕

---

〔1〕　王蕊：《齐鲁家族聚落与文化变迁》，齐鲁书社 2008 年版，第 80 页。
〔2〕　（明）陈镐撰，孔允植重纂：《阙里志》"古迹志"，浙江汪启淑家藏。

盘龙环柱一周，下雕八角石座两层，盘龙一侧题字，上刻"金大定十七年杨元造"。

祠堂的多次重建与维修，正体现了"重祀田，尊尊亲亲"[1]。孔子说："大哉尧之为君也！巍巍乎！唯天为大，唯尧则之。"[2]羊大为美，"大"在中国传统文化中有崇高庄严之意。崇圣祠规模浩大，气势恢宏，极力赞颂孔子功绩。孔氏族人置身此地，沉浸于一种庄严、肃穆的氛围中，进而一种敬畏的心理便会油然而生。黄瓦、红墙、绿树交相辉映，盘龙、牡丹、菊花、荷花、石榴、番莲等错落有致，既彰显孔子的丰功伟绩，也喻示着孔子思想的博大精深。房屋高三丈、阔七丈二尺、深三丈六尺，又喻示了儒家思想的源远流长。这些雕刻，将儒家文化贯穿其中，以物化的形式表达了孔氏族人对儒家文化的推崇与追念。

报本堂，是为孔仁玉专建的祠堂，取报效本族先灵之堂之意。报本之意，在孔府张姥姥身上表现得最为极致。孔末乱孔时，张姥姥为保全孔府宗子这根独苗，忍痛将小儿子冒充替换孔仁玉，亲眼看到小儿子被孔末杀害。后孔仁玉主持孔庙祀事，袭爵文宣公后，为报答张姥姥舍子救命、保全孔氏后裔之恩，奏请皇帝恩准张姥姥为孔家世代恩亲，"姥姥"也成为孔府的官称。孔仁玉更是赐给张姥姥一柄楷木的龙头拐杖，可以管教、杖打文宣公的一品诰命夫人。自此，无论张家哪一代后人来到

---

〔1〕《茶阳饶氏族谱》"序"，清光绪三十二年（1906年）重刊，广东省中山图书馆藏。

〔2〕杨伯峻译注：《论语译注》（简体字本），中华书局2006年版，第96页。

孔府，都必须以贵宾相待，否则就是违反了祖训。张姥姥去世后，为纪念张姥姥，在张羊村附近特意封了一小片树林，叫"张家林"。历代衍圣公都要为张姥姥树立"报恩碑"。[1]民国《续修曲阜县志》中也详细记录了张姥姥世代恩亲的事迹：

> 按孔氏中表著闻者以颜姓为最，然衍圣公与颜博士论师生而不叙表亲，惟曲阜县张羊村张媪之裔孙与衍圣公及诸孔氏称表亲，而男女通呼曰亲戚，妇人老年称姥姥，遇喜庆事不尽来，遇衍圣公有丧以内外张亲戚皆来为荣。遇衍圣公祭四十三代公时，则张姓以裔孙陪祀祭，祭四十二代张夫人亦然，亦有时请张姓代行扫墓之礼。

> 考张姓嫡裔由衍圣公奏准恩赐一人为监生，世袭奉张媪祀，以报其救孔子四十三代奉祀孔仁玉之功。[2]

这种风俗一直到民国时期仍延续着。每逢有红白喜事，张姥姥总会拄着拐杖带领家人到孔府来。孔子第七十七代孙孔德成结婚时，孔府为张姥姥及其家人单设了两桌筵席。[3]

孔府族人每逢过年、初一、十五、生死忌日，都要去崇圣

---

〔1〕　柯兰：《千年孔府的最后一代》，天津教育出版社 1998 年版，第 21~22 页。

〔2〕　孙永汉修，李经野、孔昭曾纂：《中国地方志集成·山东府县志辑 74·民国续修曲阜县志/光绪泗水县志》，民国二十三年（1934 年）铅印本，教育出版社 2004 年版。

〔3〕　柯兰：《千年孔府的最后一代》，天津教育出版社 1998 年版，第 22~23 页。

祠、家庙、报本堂祭拜。孔府祭祀分家祭和国祭两种。逢年过节是家庭祭祀，衍圣公祭孔庙和家庙，衍圣公夫人祭报本堂和新祠堂等。

孔庙祭祀，除"大丁"祭孔子及弟子外，还有"中丁"。"中丁"是每季度"大丁"[1]后十日，即二、五、八、十一这四个月中旬的"丁"日。"中丁"是"家祭"，祭家庙，家庙中共有四个神龛，其中有孔子及夫人亓官氏一个神龛，孔鲤及夫人、孔伋及夫人、孔仁玉及夫人各一神龛，每龛一只猪、一只羊，名为"少牢"祭祀，另有配菜的猪羊，前后共计十只猪羊，另有笾、豆、簋、簠、酒爵、香帛等。同样也是晚上八点开始祭祀，只有"赞礼生"鸣礼，没有乐舞。每次都是三献酒、三上香、三跪九叩头结束。一般由衍圣公亲自主持祭祀，或由衍圣公委派孔庭族长主持祭祀。[2]

宗族祠堂是供奉祖先牌位、祭祀祖先的场所。宗族成员在祠堂祭祀祖先，表达对先人的怀念，培养宗族成员"尊祖""敬宗""睦族"的伦理道德观念。祭祀，在我国历来看作是一件头等大事。正所谓："国之大事，在祀与戎。"[3]孔子也将祭祀看

---

〔1〕 "大丁"，就是"四大丁"，也叫"丁祭"，是每年夏历春、夏、秋、冬每季中间的月份，即二月、五月、八月、十一月这四个月上旬的丁日对孔子的祭祀。但时间不固定，轮到哪一天就在哪一天祭祀，根据旧历天干、地支排定。

〔2〕 孔繁银：《衍圣公府见闻》，齐鲁书社1992年版，第180页。

〔3〕 李梦生撰：《左传译注》（上），上海古籍出版社1998年版，第578页。

为治理国家的四件大事之一，"所重：民、食、丧、祭"〔1〕。祭祀要符合"礼"的规定，要做到"祭思敬"〔2〕，"祭如在，祭神如神在"〔3〕，"生，事之以礼；死，葬之以礼，祭之以礼"〔4〕。孔府最初是儒家的学府，孔氏家族是儒学世家，惯有重视祭祀的传统。《孔氏祖训箴规》作为全族都必须尊奉的章程和族规，就对祭祀提出了鲜明的要求，"春秋祭祀，各随土宜，必丰必洁，必诚必敬，此报本追源之道，子孙所当知者"〔5〕。祭祀，是对祖先的尊敬和哀思，慎终追远，具体表现在祭祀者必须严格按照祭祀的礼仪进行祭祀，寓意着祖先的养育之恩不可遗忘。这明显融入了"孝""德"的观念，贯穿着孔子"仁"和"礼"的思想。

"在帝制中国，孔庙作为官方祭祀制度，恰是传统社会里政治与文化两股力量最耀眼的交点。"〔6〕孔氏族人将道德伦理、家族文化融入孔庙建筑的元素中，并通过孔庙建筑的记忆凝聚体，强化对孔氏家族教育文化的意义认同。因此，曲阜孔庙作为孔氏大宗的祖庙，是各地孔氏族人的远祖庙，是孔裔向心力的发源地。孔氏族人即使流寓到外地，也要定期回曲阜拜谒祖庙。

---

〔1〕 杨伯峻译注：《论语译注》（简体字本），中华书局 2006 年版，第 236 页。
〔2〕 杨伯峻译注：《论语译注》（简体字本），中华书局 2006 年版，第 224 页。
〔3〕 杨伯峻译注：《论语译注》（简体字本），中华书局 2006 年版，第 29 页。
〔4〕 杨伯峻译注：《论语译注》（简体字本），中华书局 2006 年版，第 14 页。
〔5〕 《孔府档案》，孔府档案研究中心藏，档案号 1114。
〔6〕 黄进兴：《圣贤与圣徒》，北京大学出版社 2005 年版，第 47 页。

第二节 诗礼堂:"诗礼传家"

一、诗礼堂的由来

诗礼堂,位于孔庙东路承圣门后。本为孔子故宅,前身为寿堂,即"诗礼堂也"。(如图 3-3 所示)旧藏衣冠车服礼器。宋真宗大中祥符元年拜谒孔庙时,曾驻跸于此,后"诏去其吻,许本家为厅"[1],供孔氏族人祭祀时斋居,并作讲学之用。[2]金代为纪念孔鲋鲁壁藏书,改名金丝堂;后为纪念孔子教育儿子孔鲤学《诗》、学《礼》,易名诗礼堂。明弘治十七年(1504 年)因东庑东扩,诗礼堂也稍迁而东,重建为五间,高二丈八尺,阔七丈五尺,深四丈二尺,次等青绿彩绘,绿色琉璃瓦屋顶;檐下点金,木架为六排四层二十四柱九檩前后廊式,前檐下用一斗二升交麻叶云斗拱;斗欹无凹,扩建成今日之规模。院中堂前有一株唐槐,根柯蟠结,枝繁叶茂;两株宋银杏树,亦千年之物,浓荫半亩,春华秋实,雌银杏至今仍硕果累累。诗礼堂逐渐成为给赴曲阜祭祀孔子的帝王讲经和演习礼乐的场所。清代祭祀前在此演礼,康熙、乾隆祭祀孔子时,曾在此听孔子后裔讲解经书。

---

〔1〕《钦定四库全书·钦定大清一统志·卷一百三十·兖州府二》,1934 年上海涵分楼《四部丛刊》续编影印本,中国哲学书电子化计划影印资料。

〔2〕 孔繁银:《曲阜的历史名人与文物》,齐鲁书社 2002 年版,第 235 页。

图3-3

二、家族教育文化的"活化石"："诗礼庭训"的教育图式

"诗礼庭训"的典故讲述的是孔子教育儿子孔鲤的场景，源自《论语》：

> 陈亢问于伯鱼曰："子亦有异闻乎？"对曰："未也。尝独立，鲤趋而过庭，曰：'学诗乎？'对曰：'未也。''不学《诗》，无以言。'鲤退而学《诗》。他日又独立，鲤趋而过庭，曰：'学《礼》乎？'对曰：'未也。''不学《礼》，无以立。'鲤退而学《礼》。闻斯二者。"陈亢退而喜曰："问一得

三，闻《诗》、闻《礼》，又闻君子之远其子也。"〔1〕

除此之外，《论语》中还有一段相类似的话："子谓伯鱼曰：'女为《周南》《召南》矣乎？人而不为《周南》《召南》，其犹正墙面而立也与。'"〔2〕

这两段记载清晰地表明了孔子教育儿子是从读书识礼开始的。在孔子看来，《诗》能助人修身齐家，《礼》是处理人与人之间关系的规范。也就是说，孔子教育儿子是从做人的根本入手的，因此，后世将这种教育方法称为"诗礼传家"。宋崇宁元年（1102 年），因其"亲闻诗礼，鲁堂从祀"，奉祀在孔庙寝殿东庑。咸淳三年（1267 年），因其"以先圣为之父，子思为之子，而闻《诗》、闻《礼》、闻《周南》《召南》之学，著名《鲁论》"，改祀于孔庙大成殿西庑。

诗礼堂正是孔子教育儿子孔鲤学《诗》、学《礼》的场所，也是历代及世界各地孔氏家族子弟教育场所的名字及堂号。诗礼堂中也悬挂着这样的楹联：

绍绪仰斯文识大识小，
趋庭传玉教学礼学诗。
横批：则古称先。

---

〔1〕 杨伯峻译注：《论语译注》（简体字本），中华书局 2006 年版，第 203 页。
〔2〕 杨伯峻译注：《论语译注》（简体字本），中华书局 2006 年版，第 208～209 页。

在楹联中，首先俨然体现了孔氏族人对先祖嘉言懿行的追慕之情。孔子坚决强调尊敬祖先，"朋友之馈，虽车马，非祭肉，不拜"[1]，当朋友在祭祀祖先后送来祭肉，不论多少，他一定下拜之后再接受，表示对朋友的祖先像对自己的祖先那样尊敬。孔氏族人也素来尊宗敬祖，因此祖宗的嘉言懿行常作为祠堂命名的依据。这样的最佳选择，流露出孔氏族人重传统、重宗族、重本源的教育观念。

并且，楹联所表达的还在于对后世的一份谆谆教导之心。诗礼堂，作为从历史上延续至今的建筑物，重要性已远远不在于实体的存在，而在于意义的凝聚体。诗礼堂作为纪念孔子教子读经的纪念性建筑，更多地已成为一种教育文物，具有鲜明的儒家文化特质。楹联中的内容则浓缩了诗礼堂所包含的教育文化真谛，将孔氏家族道德规范体系的建构及道德价值观念的塑造表现得淋漓尽致。

学礼学诗，已被孔氏族人定格为庭训，称为"诗礼庭训"。诗礼庭训为孔氏家族划出教育文化地标，深深地烙印在孔府的每一个角落中。孔府从整体上进行左中右规划，彰显出和谐、对称的"中庸"之道。"忠恕堂"的设置，更赞扬了儒家忠恕的思想。

孔子嫡孙也一向以"礼门义路家规矩"相标榜，恪守诗礼传家的祖训。秉承祖训，俨然成为孔氏家族的传统习性。诗礼传家的孔氏嫡裔自小便熟读经书，聆听祖训。孔氏子弟年稍长，

---

〔1〕　杨伯峻译注：《论语译注》（简体字本），中华书局 2006 年版，第 122 页。

即需要进入四氏学宫读书。因此，当时的孔氏子孙"世以家学相承，自为师友"，学脉相承，诗礼传家，代不乏人，塑造着孔氏族人的道德价值观念——明是非、知廉耻、懂礼让、守本分、有良知。这种祖训，自幼便打下印记，无论何时何地，都能谨记圣人教训，一直演绎着生命的亮丽风景。

不难看出，诗礼堂是孔氏家族家训文化的活化石，诗礼庭训是孔氏族人家风、家规教化的中心方法。它确立的教育文化地标，诗书被看作"义之府"，"礼乐"被视为"德之则"，指向了两个基本元素——好学修身和礼仪规矩。好学修身是孔府道德观念塑造的必经途径，礼仪规矩是孔府道德规范体系建构的基础大厦。虽然只是两个看似微不足道的要素，却是孔府族人人生观和世界观中的重要内容。倘若非要说明孔氏家族常青不倒原因，其中一个重要因素便是在于秉承祖训的内在定力。

小　结

建筑产生的基点之一是仪式先于建筑而存在。[1]民国《孔子世家谱》撰修仪式在报本堂、家庙、崇圣祠、诗礼堂中举行，这些经过精心设计的纪念性建筑和仪式化广场，意指着不同的教育需求。

仪式空间的维度，诸如位置的确立、建筑空间的象征建构

---

〔1〕　林志森、陈伟强：《传统聚落的仪式空间探析》，载《全国第十二次建筑与文化学术讨论会》2010年，第118页。

和陈列空间的氛围等，是孔氏家族教育文化的记忆凝聚体，是孔氏家族通过教育文物的形式将教育文化重新建构起来，形成一种特有的家族教育文化结构。孔氏族人作为教育主体，依靠教育图式进行有指向性地选择和处理教育客体信息，将感性直观所提供的现象与"范畴"联结起来，表现出自己作为主体而具有的一种主动态势和能动状态，最终生成顺应家族文化惯习的某种教育知识观和教育价值观。这样各种意识状态的综合统一体，本质上是教育实践活动的内化、教育客观现实的反映和教育历史传统的积淀。并且，这些祠堂本身就是纪念性建筑，祠堂空间会发挥一定的记忆导向作用。孔氏族人通过理解祠堂空间这一象征符号群，便会不自觉地体悟到家族教育文化的广袤内涵，并形成一整套共同的相对稳固的知识经验与精神特质（特定态度、道德品质和行为方式等）。仪式场所的存在，使得新的教育信息源源不断地渗透、沉淀、融合、交流、更替到孔氏家族成员的认识中，充实、完善、重组、重构家族教育文化。

第四章

仪式内容：以圣人之道为根本的家族伦理教育

报本堂、家庙、崇圣祠、诗礼堂等一系列教育记忆凝聚体，在文化上烙印了各不相同的或定型化了的家族教育图式。孔氏族人身处仪式场所时，便会提取其中的图式，并对之进行加工，从而做出想象、解释、评价或期望，导致某种教育知识的生产。然而仪式场所提供的教育图式，毕竟是一种抽象的感性结构，或概念性的感性结构方式。正如康德所说，图式必须是纯粹的即毫无经验的内容。[1]这种教育先验图式是先于一切个人经验的认知结构，在长期的教育认识和教育实践中形成。也就是说，教育图式的获得，意味着孔氏族人在族谱撰修中已完成的教育认识的内部准备，意味着孔氏族人经过后天塑造已经客观存在、已具有相对稳定性的内部条件。[2]不言而喻，教育图式的不断重组、重构，丰富着孔氏族人的教育认识结构和教育知识结构。但这些教育知识经验的复杂网络，仅是在大脑中存在的意识。

---

〔1〕 熊哲宏：《皮亚杰理论与康德先天范畴体系研究》，华中师范大学出版社2002年版，第31页。

〔2〕 宋芳、史学正：《教育图式特征功能说》，载《通化师范学院学报》2006年第1期。

如何将这些教育准备、教育认识进一步信息加工，将记忆中的原有教育知识凝聚、固定下来，使得族谱撰修产生的教化意义得以稳定、持久？在孔氏家族中，尤其在族谱撰修中，主要依靠族谱这一文本将家族教育知识经验统合起来，以此作为合族的家庭教科书，成为一种本土性的地方性的家族教育知识。

第一节 族谱小传：家族伦理教育的知识图谱

一、族谱小传的基本形态

族谱中的人物小传，是祖先事迹的纪实。民国《孔子世家谱》中有内传和外传两种。内传用来记述有名望、有功绩的男子的事迹，外传是对贞洁烈女行状的记载。人物小传形式固定，文字长者五十余字，短者仅二三字或无字，按世系图中所列的先后次序编定，分别介绍族人的字号、行述、职官、封爵、享年、谥号、姻配等。家传用词多以真实简洁为重，最忌溢美浮夸。

族谱中的人物小传记录的本家族人的行为、事迹，能够成为教化后人的最为真实、生动、鲜活的材料。"人能为合道之文者，知道者也。在知道者，所以为文之心，乃非区区惧其无闻于后，欲使后人见其不忘乎善而已。此乃世人之私心也。"[1]为

---

〔1〕（宋）程颢、程颐：《二程集》（第 2 册），王孝鱼点校，中华书局 1981 年版，第 601 页。

了能起到教化后人的作用，家谱小传只记载良善的言行，只有极为卓著的才能立传。因此，在家谱小传的传主选择上，要求严格，慎重选择。民国《孔子世家谱》中就明确要求："族中有忠臣、孝子、义夫、节妇、名儒、硕彦、言行卓然可传者，各该亲房当开送事迹，以备核采、立传。更有乡居侧陋，虽美弗彰，或身故无传，声名将泯。尤望族人各据所知，亟为表扬，以无失发潜德幽之意。"[1]并进一步补充说明了收录对象的选择标准，"立传之例，凡忠孝节义事迹表著者，凡讲明理、学羽翼经传、功在圣门者，凡政治、经济有功于民社者，凡睦娴任恤、素孚乡里者，凡隐逸高尚、征辟不就者，凡文章名世者，凡有功林庙及宗党者"[2]。也就是说，民国《孔子世家谱》中的人物小传对收录之人提出了孝悌、义善、儒贤、忠臣、恩荫、科贡、仕进、文苑、武功、隐逸、贞节等方面的要求。同时，在族谱中，也有一系列不得立传的规定。如"非在此例，不得立传"，"族望、族俊方乘时有为者，止载名爵，弗录事迹，俟身定论，且免面谀之讥"[3]等。当我们看到第七十七代衍圣公只有名爵而没有事迹时，也便不足为怪了。这些规定表明，凡是不符合条例的族人就绝无立传的可能。这种举措更多的是对族人形成一种约束和身教。

---

〔1〕 孔德成总裁：《孔子世家谱》（一），山东友谊书社 1990 年版，"卷首·修谱事宜"。

〔2〕 孔德成总裁：《孔子世家谱》（一），山东友谊书社 1990 年版，"卷首·修谱凡例"。

〔3〕 孔德成总裁：《孔子世家谱》（一），山东友谊书社 1990 年版，"卷首·修谱凡例"。

二、家族教育知识图谱的伦理文化映射

对祖先事迹的记述是族谱中的主要内容。民国《孔子世家谱》共分四集一百一十卷，另有卷首一卷。除卷首外，其余一百一十卷均为族谱小传。族谱小传的作用在于继承先人之遗风，教化后世子弟。就族谱对立传的标准而言，族谱小传可分为以下几个分类：封爵恩荫、承续家学、著作等身、博而好学、立学兴教、功名仕进、为政有为、事亲至孝、隐居不仕、贞夫烈妇等。为了得到一份具体、详细、简洁、清晰的民族志描述，笔者将族谱小传的人物分类做了如下统计。

表 4-1　民国《孔子世家谱》中人物小传统计[1]

（一）封爵恩荫类				
代数	姓名	字	号	事迹
十三代	孔霸	次儒		汉元帝即位，以帝师拜太师，赐爵关内侯，食邑关内侯。
十三代	孔黄			嗣蓼侯。
十四代	孔吉			汉成帝绥和元年（公元前 8 年）封为殷绍嘉侯，奉汤祀。后六月进爵为公。平帝元始四年（4 年）更封宋公。
十五代	孔何齐			嗣宋公。

---

〔1〕根据孔德成总裁：《孔子世家谱》，"初集六十户·卷一卷二始祖至分户""初集六十户·卷三之一大宗户""初集六十户·卷三之二大宗户""初集六十户·卷三之三大宗户"整理而成。

续表

(一) 封爵恩荫类				
代数	姓名	字	号	事迹
十五代	孔房			汉哀帝时嗣关内侯。
	孔放			嗣博山侯。
十六代	孔安			汉光武帝建武五年（29 年）封殷绍嘉公，十三年（37 年）复封宋公。
十六代	孔均	长平		嗣封关内侯。汉平帝元始元年（1 年），改封褒成侯。王莽篡汉，降爵为子。
十七代	孔志	道甫		汉光武帝建武十四年（38 年）封褒成侯。
十八代	孔损	君益		汉明帝永平十五年（72 年）嗣褒成侯。和帝永元四年（92 年）徙封褒亭侯。
十九代	孔曜	君曜		汉安帝延光三年（124 年）嗣褒亭侯。
二十代	孔完			袭封褒亭侯。
二十一代	孔羡	子余		三国魏文帝黄初二年（221 年）以褒亭侯世绝，诏封为宗圣侯。
二十二代	孔震	伯起		袭封宗圣侯。晋武帝泰始三年（267 年）改封奉圣亭侯。
二十三代	孔嶷	成功		东晋明帝太宁三年（325 年）袭封奉圣亭侯。
二十四代	孔抚			袭封奉圣亭侯。
二十五代	孔懿			袭封奉圣亭侯。

续表

代数	姓名	字	号	事迹
		（一）封爵恩荫类		
二十六代	孔鲜	鲜之		宋文帝元嘉十九年（442年）袭封奉圣亭侯，改崇圣侯。
二十七代	孔乘	敬山		魏孝文帝延兴三年（473年）封崇圣大夫。
二十八代	孔灵珍			魏孝文帝太和十九年（495年）封崇圣侯。
二十九代	孔文泰			袭封崇圣侯。
三十代	孔渠			袭封崇圣侯。
三十一代	孔长孙			袭封崇圣侯。北齐文宣帝天保元年（550年）改封恭圣侯，北周静帝大象二年（580年）进封邹国公。
三十二代	孔英悊			陈废帝光大元年（567年）改封奉圣侯。
三十二代	孔嗣悊			隋文帝时封邹国公。隋炀帝大业四年（608年）冬十月诏立孔氏后为绍圣侯。英悊无嗣，乃封嗣悊为绍圣侯。
三十三代	孔德伦	大经		唐高祖武德九年（626年）改封褒圣侯。
三十四代	孔崇基			中宗嗣圣十二年（695年）袭封褒圣侯。
三十五代	孔璲之	藏晖		唐玄宗开元五年（717年）袭封褒圣侯。二十七年（739年）进封文宣公。
三十六代	孔萱			袭封文宣公。

代数	姓名	字	号	事迹
			（一）封爵恩荫类	
三十七代	孔齐卿			唐德宗建中三年（782年）袭封文宣公。
三十八代	孔惟眰			袭封文宣公。
三十九代	孔策	元勋		唐武宗会昌二年（842年）袭封文宣公。
四十代	孔振	国文		袭封文宣公。
四十一代	孔昭俭			袭封文宣公。
四十二代	孔光嗣			唐哀帝天祐二年（905年）授泗水令，为陵庙主。遭时乱，失世爵。
四十三代	孔仁玉	温如		后唐明宗长兴三年（923年）进袭文宣公。
四十四代	孔宜	不疑		袭封文宣公。
四十五代	孔延世	茂先		袭封文宣公。
四十六代	孔圣佑			宋真宗天禧五年（1021年）袭封文宣公。
四十六代	孔宗愿	子庄		圣佑无子，以从弟宗愿嗣爵。宋仁宗宝元二年（1039年）袭封文宣公。至和二年（1055年）以祠部员外郎祖无择议，文宣孔子谥不宜加封后人，改封衍圣公。
四十七代	孔若蒙	公明		宋神宗熙宁元年（1068年）袭封衍圣公。
四十八代	孔端友	子交		宋徽宗崇宁三年（1104年）袭封奉圣公。大观间，仍改封衍圣公。

（一）封爵恩荫类				
代数	姓名	字	号	事迹
四十九代	孔璠	文老		齐阜昌三年（1132 年）袭封衍圣公。齐废罢封。金熙宗天眷三年（1140 年）复袭封衍圣公。
五十代	孔拯	元济		金熙宗皇统二年（1142 年）袭封衍圣公。
五十一代	孔元措	梦得		金章宗明昌二年（1191 年）袭封衍圣公。金亡，入元，仍袭封衍圣公。无子，以弟绲之孙浈嗣爵。
五十三代	孔浈	昭度		元宪宗元年（1251 年）继伯祖元措袭封衍圣公。凡八年，以不事儒雅攻之夺爵。
五十四代	孔思晦	明道		元仁宗延祐年间封衍圣公。
五十五代	孔克坚	璟夫		元世祖至元元年（1264 年）袭封衍圣公。
五十六代	孔希学	士行		年二十一袭爵。
五十七代	孔讷	言伯		明太祖洪武十六年（1383 年），父薨，诏袭封。
五十八代	孔公鑑	昭文		袭爵。
五十九代	孔彦缙	朝绅		十岁袭爵。
六十一代	孔宏绪	以敬	南溪	八岁继祖袭爵。成化庚寅以故失爵，弟袭之。
六十一代	孔宏泰	以和	东庄	代兄袭爵。年五十四薨，仍兄子袭爵。
六十二代	孔闻韶	知德	成菴	袭爵。

续表

(一) 封爵恩荫类				
代数	姓名	字	号	事迹
六十三代	孔贞干	用齐	可亭	袭封爵。
六十四代	孔尚贤	象之	龙宇	袭公爵,宠遇备极。子皆先卒,姪衍植嗣爵。
六十五代	孔衍植	懋甲	对寰	继伯袭公爵。
六十六代	孔兴燮	起吕	辅垣	清世祖顺治五年(1648年),袭封衍圣公。
六十七代	孔毓圻	钟在(翊宸)	兰堂	清圣祖康熙六年(1667年),袭封衍圣公。
六十八代	孔传铎	庸民	振路(静远)	清世宗雍正元年(1723年),袭封衍圣公。
七十代	孔广棨	京立	石门	袭封衍圣公。父继濩未袭爵而薨,年二十有三。
七十一代	孔昭焕	显文	尧峰	清高宗乾隆八年(1743年),袭封衍圣公。
七十二代	孔宪培	养元	笃斋	清高宗乾隆四十八年(1783年),袭封衍圣公。
七十三代	孔庆镕	陶甫	冶山	清高宗乾隆五十九年(1794年),袭封衍圣公。
七十四代	孔繁灏	文渊	伯海	清宣宗道光二十一年(1841年),袭封衍圣公。
七十五代	孔祥珂		觐堂	清穆宗同治二年(1863年),袭封衍圣公。
七十六代	孔令贻	縠孙	燕庭	清德宗光绪三年(1877年),袭封衍圣公。
七十七代	孔德成	玉汝	达生	中华民国九年(1920年),袭封衍圣公。二十四年(1935年),

续表

（一）封爵恩荫类				
代数	姓名	字	号	事迹
				改赠大成至圣先师奉祀官，以特任职待遇。
（二）承续家学类				
代数	姓名	字	号	事迹
二代	孔鲤	伯鱼		长承诗礼之训，克绍家传。
三代	孔伋	子思		述父师之意，作《中庸》。
五代	孔求	子家		《家语》作傲，守儒道，有遁世之志。
六代	孔箕	子京		《家语》作楉。
七代	孔穿	子高		著儒家书三二篇，名曰《谰言》。
十一代	孔安国	子国		作《论语训解》，尚书、孝经传，又集家语。
十一代	孔臧	子武		以经学为乐，家传相承，作为训法……纪纲古训，使永乘来嗣。
十三代	孔骥	子仲		善春秋三传，著《公羊穀梁训诂》。
十六代	孔奇	子异		雅好儒术。
十七代	孔嘉	山甫		著《左氏说》。
十八代	孔酥			通严氏春秋。能奉先圣之礼，为宗所归。
二十六代	孔默之			好儒学。注《穀梁春秋》。
二十六代	孔国	安国		以儒学显。
二十九代	孔道徽			少励高行，能世其家风。

代数	姓名	字	号	事迹
（二）承续家学类				
三十六代	孔至	惟微		明氏族学，撰百家类例。
五十代	孔摠	元会		及长，能力学自强，通《左氏春秋》。
六十七代	孔毓埏	钟在（翊宸）	兰堂	为人夙夜谨慎，不自满，假五十余年如一日。
六十八代	孔传铤	振远	松皋	肃穆雍容，称其家风。
六十九代	孔继汾	体仪	止堂	修家仪一书，冠婚丧祭，罔不俱备，迄今子孙遵守之。
七十代	孔广栻	伯诚	一斋	生有异禀，幼渐庭训言，动若老成扶床之年。
七十代	孔广根	心仲	小荭	幼承家学，学礼学诗。长入儒林，克承先志。
七十代	孔广林	丛伯	幼髯	博雅好古，专治郑学。
七十代	孔广森	众仲	㔉轩（撝约）	学究汉儒。
七十一代	孔昭焜	石藻	堇生	公幼承家学，长励儒修薄书之。
七十四代	孔繁灏	文渊	伯海	幼承庭训，读书聪颖，读经以考据理并重。尤精三礼之学。

代数	姓名	字	号	事迹
（三）著作等身类				
五十四代	孔思逮	进道		著《大元乐》书。
六十七代	孔毓埏	钟舆	宏舆（拾簪老人）	著《研露文集》《丽则诗集》《蕉露词集》。

续表

（三）著作等身类				
代数	姓名	字	号	事迹
六十九代	孔继涑	体实	信夫	著有《玉虹楼》，石刻百一帖。
六十九代	孔继涵	体生	荭谷	一生著述宏富海内称之。
七十代	孔广棨	京立	石门	著《敏求斋集》八卷，《诗集》四卷，《外集》一卷。
七十代	孔广林	丛伯	幼髯	生平著作一百三十二卷，凡四万五千余言。
七十代	孔广森	众仲	㢲轩（㧑约）	著有《公羊通义》八卷，《大戴礼补注》七卷，《诗声类》十二卷，《礼学厄言》六卷，《经学厄言》六卷。
七十代	孔广权	季衡	蘅浦	著有《爱莲书屋诗集》十余卷，《观海集》一卷。
七十代	孔广根	心仲	小荭	著有《秋蓼山房诗词稿》行世。
七十代	孔广权	季衡	蘅浦	性恬淡不仕，以诗酒自娱，著作等身。
七十一代	孔昭任	仁甫	芝耘	著有《慎独斋存稿》行世。
七十一代	孔昭恢	景渡	鸿轩	著有《春及圆诗稿词附》。
七十一代	孔昭焜	石藻	堇生	暇日以著述，克承先志。
七十二代	孔宪堃	载元	厚斋	著有《逸友堂适性草诗余偶》。
七十二代	孔宪逵	仪鸿	逸泉（柳泉）	著有《精心且究集》，《历代帝王总记》一卷。
七十二代	孔宪毅	玉变	阆仙	工诗古经，《堂支谱》一卷参订，《圣门礼乐志》各一卷。

续表

（三）著作等身类				
代数	姓名	字	号	事迹
七十三代	孔庆镕	陶甫	治山	著有《春华集》一卷，《铁山园集》四卷，《鸣鹤集》一卷。
七十三代	孔庆鈫	真甫	卓斋	遗有《诗集》一卷。
七十四代	孔繁灏	文渊	伯海	著有《荫椿轩诗稿》二卷。
七十四代	孔繁沛	雨人	霖普	著有《圣泽诗稿》四卷。
七十五代	孔祥霖	少霈	达吾	著有《四书大义辑要》《经史孝说》《东游条记》。

（四）博而好学类				
代数	姓名	字	号	事迹
四代	孔白	子上		通习兵法，又善兵法。
七代	孔穿	子高		笃志博学，沉静清虚，有王佐之才。
九代	孔腾	子襄		通经博学。
十代	孔忠	子贞		该习今古。
十一代	孔安国	子国		明达渊博，动遵礼法。
十二代	孔延年			博览群书。
十四代	孔光	子夏		明经学。
十六代	孔均	长平		敦笃好学，有大才。
十八代	孔丰	子丰		以学行闻。
二十代	孔长彦			家有遗书，兄弟相勉，讽诵不厌。
二十二代	孔衍	舒元		少好学。年十二，通诗书。
二十六代	孔汪	德泽		好学有志，有志行。

续表

（四）博而好学类				
代数	姓名	字	号	事迹
二十七代	孔熙先			博学有继横才，文史星算无不兼善。
二十七代	孔承	敬山		博学有才。
二十八代	孔灵产			解天文，有高志。
二十九代	孔琳之	彦琳		好文艺，善隶草。
二十九代	德璋			风韵清疏，好文咏，不乐世务。
三十一代	孔范	法言		少好学，博涉书史。
三十二代	孔颖达	冲远		及长尤明左氏春秋、王氏易、郑氏诗书、礼记，兼善算历属文
三十三代	孔绍安			居鄠县，闭门不出，励志于学。
三十五代	孔若思			早孤，母褚氏躬教训，博学多识。
三十八代	孔克符			博通经史。
四十四代	孔勖	自牧		博学能文，尤工于诗。
四十六代	孔汉英			总敏博览，善诗词。
四十八代	孔端甫	肃之		笃志好学，不乐仕进。读书养道，该通古今。
四十九代	孔璔	德纯		学博才优，尤工翰墨。
五十代	孔萧	器之		少孤避兵，居汴，励志读书。
五十一代	孔元敬	忠卿		比长，奋志励学，不与庸常伍元。
五十四代	孔思睿	达道		好古博雅，尤邃理学。

续表

代数	姓名	字	号	事迹
(四) 博而好学类				
五十四代	孔思权	平道		笃志于学。
五十四代	孔思晦	明道		家贫，躬耕不废诵读。
五十四代	孔思逮	进道		精律吕，祖庙雅乐缺，奉委诣浙江制乐器法服。
五十五代	孔克坚	璟夫		性聪学，博精左氏春秋，善乐府。
五十五代	孔克钦	敬夫		笃志好学，该博经史。
五十六代	孔希学	士行		好读书，文辞雅瞻，尤精隶书。
五十六代	孔希泰	士享		读书知大义。
五十七代	孔讷	言伯		能诗工篆法。
六十二代	孔闻礼	知节	立斋	究心天文、律历、声音、制度等书。
六十六代	孔兴燮	起吕	辅垣	善书画，有刚果之气。
六十七代	孔毓圻	钟在（翊宸）	兰堂	明达多才，工擘窠书，善画墨兰，又工画竹。
六十七代	孔毓埏	钟舆	宏舆（拾箨老人）	好学能文。
六十八代	孔传铎	牗民	振路（静远）	好读书，究心理学，工文词。
六十九代	孔继濩	体和（观成）	纯斋	好读书，能强记。
六十九代	孔继汾	体仪	止堂	笃志力行，风骨峻洁。
六十九代	孔继涵	体生	荭谷	年甫四十有五，于天文、地理、

续表

（四）博而好学类				
代数	姓名	字	号	事迹
				经学、字义、算数之书，无不博读。
七十代	孔广杕	伯诚	一斋	自经传子史，至于杂家，靡不研究。
七十代	孔广棨	京立	石门	胸有城府，才高而学赡。
七十一代	孔昭恢	景渡	鸿轩	性孝友，才气横溢。
七十二代	孔宪逵	仪鸿	逸泉（柳泉）	专治史学，学于往代谱牒。
七十三代	孔庆镕	陶甫	冶山	博雅工诗，兼善书画，尤喜写兰。
七十三代	孔庆鈇	真甫	卓斋	工诗善书。
七十四代	孔繁沛	雨人	霖普	学问渊博，性情孤峭，诗书绘画均称一时。
七十四代	孔繁淇	竹泉	卓峰	性豪爽，淡于荣利，博学好古，尤耽于金石之学，搜求古物不遗余力。
七十五代	孔祥桐	润生		嗜学能文。天资聪颖，平生介为实事求是之学，以为学不论农工百艺皆可用。
七十六代	孔令贻	毂孙	燕庭	公幼而岐嶷，性纯孝，赡于文学，工书善为士大夫所慕仰。
（五）立学兴教类				
代数	姓名	字	号	事迹
九代	孔鲋	子鱼		独乐先王之道，讲习不倦。
十二代	孔卬	子卬		为诸生传家学，尤善诗礼。

续表

（五）立学兴教类				
代数	姓名	字	号	事迹
十四代	孔立	子立		善诗书，以诗书教于阙里生徒数百人。
十五代	孔永			汉平帝元始五年（5年），与刘歆等治明堂、辟雍。
二十代	孔融	文举		立学校，显儒术，荐举贤良。
二十代	孔长彦			十余年间，会徒百人，时人称之。
二十六代	孔鲜	鲜之		笃志坟典，善启后人。
三十二代	孔颖达	冲远		居家以教授为务。
四十六代	孔宗愿	子庄		宋仁宗庆历三年（1043年），立学舍、祭田。
四十九代	孔瓒			南康府学教授。
五十二代	孔之载	德甫		福州学正，建宁路教授，阐明理学，善诱生徒。门人德之，像祀于学。
五十四代	孔思本	志道		任子思书院山长。
五十四代	孔思睿	达道		虎贲卫教授。
五十四代	孔思遵	从道		三氏学教授。
五十四代	孔思范	禹道		性和易，善与人交，荐圣泽书院山长。
五十四代	孔思政	近道		虞城教谕，讲学不倦，远近士子俱师之。元末避乱，致仕以谦厚，率子弟，有古君子风。
五十四代	孔思衍	元道		性善书院山长，盘阳路教授。
五十五代	孔克钦	敬夫		创书院洙泗间，请设山长，训育生徒，置仓贮粟，给善贫族。

续表

（五）立学兴教类				
代数	姓名	字	号	事迹
六十二代	孔闻韶	知德	成庵	明武宗时，创设尼山、洙泗书院，学录中庸。
六十五代	孔衍楫		柱明	教谕厚德高风，乡称长者。
六十七代	孔毓清			因世乱，游学大名府，教读成家。
七十代	孔广棣	京度	谦思	署四氏学教授。
七十代	孔广檍	京和	次幹	署洙泗书院学录。
七十代	孔广绅	书佩		署四氏学学录。
七十一代	孔昭凤	西梧		尼山学录。
七十一代	孔昭埒	鲁池		四氏学学录。
七十二代	孔宪墫	师裴	子陶	任尼山书院学录。
七十三代	孔庆元	伯裕	竹农	四氏学学录。
七十三代	孔庆黼	繡章	赟臣	署洙泗书院学录。
七十五代	孔祥桐	润生		曲省立第二师范校长，其教授生徒皆以学能致用，宗受其教者悉俭身自爱，无嚣张自是之风。故多名以去，一时皆称严师焉。山东省长蔡志赓、提学罗顺循、江苏教育会长黄任之皆深器之。
七十六代	孔令贻	縠孙	燕庭	设乡塾于古泮池，行宫延名儒教之。又建四氏（师）范学校，生徒济济，多所成就。清德宗光绪三十三年（1907年），稽查山东学务，周历各郡县，召集生徒，诲以明人伦、崇正学、期有合于立人、达人之旨。

续表

（六）功名仕进类				
代数	姓名	字	号	事迹
十八代	孔龢			通经高第。
十九代	孔宙	季将		治严氏春秋，举孝廉。
十九代	孔彪	元上		宗系碑名震，举孝廉。
二十代	孔褒	文礼		举孝廉。
二十四代	孔抚			举孝廉。
二十七代	孔承	敬山		魏孝文帝时，举孝廉。
二十七代	孔靖	季恭		举孝廉。
二十九代	孔琇之			齐武帝时，举孝廉。
三十一代	孔休源	庆续		齐明帝建武四年（497年），举秀才。
三十一代	孔觊	思远		举秀才。
三十二代	孔奂	休文		齐举秀才。
三十四代	孔桢			唐高祖时登进士。
三十五代	孔贤	元亨		登进士第。
三十五代	孔昌寓	广成		唐太宗贞观中，对策高第。
三十八代	孔戡	君胜		唐德宗时，登进士第。
三十八代	孔戢	方举		明经书，判高第。
三十八代	孔戣	君严		唐德宗时，进士第。
三十九代	孔策	元勋		明经及第。
三十九代	孔温资			唐懿宗时，举进士。
三十九代	孔温业	逊志		唐穆宗长庆元年（821年），进士第。

续表

（六）功名仕进类				
代数	姓名	字	号	事迹
三十九代	孔敏行	至之		唐宪宗元和五年（810 年），进士第十一人及第。
四十一代	孔振	国文		唐懿宗咸通四年（863 年），进士第一人及第。
四十一代	孔拯	宏济		唐僖宗中和三年（883 年），进士第一人及第。
四十四代	孔宪	孰道		宋太祖建隆初，进士及第。
四十五代	孔延之			进士及第。
四十五代	孔道辅			宋大中祥符五年（1012 年），举进士。
四十六代	孔宗哲			宋徽宗崇宁三年（1104 年），进士。
四十六代	孔宗翰	周翰		登进士。
四十七代	孔若拙	公智		擢进士。
四十八代	孔端义	子德		宋徽宗宣和三年（1121 年），登进士第。
四十八代	孔挚	莘之		金宣宗贞祐二年（1214 年），以终场，赐进士及第。
四十八代	孔端甫	肃之		赐进士及第。
五十五代	孔克谐	和夫		举茂才。
七十代	孔广森	众仲	㢆轩（撝约）	清高宗乾隆辛卯年（1771 年），恩科进士，官翰林院检讨。
七十代	孔广绅	书佩		清乾隆戊午年（1738 年），科举人。

续表

(六) 功名仕进类				
代数	姓名	字	号	事迹
七十一代	孔昭慈	云鹤		清宣宗道光癸巳年（1833 年），科进士，翰林院庶吉士。
七十五代	孔祥霖	少霈	达吾	清穆宗同治癸酉年（1873 年），科拔贡，清德宗光绪乙亥年（1875 年）恩科举人，丁丑年（1877 年）进士，翰林院编修。
(七) 为政有为类				
代数	姓名	字	号	事迹
八代	孔谦	子顺		子顺相魏，改嬖宠之官，以事贤才；夺无任之禄，以赐有功。
十九代	孔彪	元上		出为博陵太守，除残修政，士民归心。
二十四代	孔奕			明察过人。为全椒令，有惠政。
三十一代	孔觊	思远		性嗜酒，虽醉日居多，而明晓政事，醒时判决未尝有壅。
三十四代	孔桢			公为（苏州）长史，（王）明不循法度，公切谏不听，后明果坐法。
三十八代	孔戣	君严		郑滑节度使卢群辟为从事。群卒，权掌留务。监军杨志谦凌之众，恐生变。公邀至府，与同卧起，志谦严惮不敢动。
四十五代	孔良辅	师魏		性慷慨，有吏才，智策过人。

续表

(七) 为政有为类				
代数	姓名	字	号	事迹
五十五代	孔克钦	敬夫		荐授曲阜尹，在职多年，抑强扶弱，境内肃然。蝗不入境，值岁灾，请粟赈贷，全活甚多。
五十五代	孔克伸	刚夫		居官谨恪，屡膺褒宠。
五十五代	孔克温	元夫		济宁路教授，高密主簿，操持廉介，处决详明。
五十六代	孔希范	士刚		授曲阜尹，多善政党，勒宗支碑于庙。
六十五代	孔衍植	懋甲	对寰	明思宗崇祯辛巳年（1641 年），山左大饥，公奏蠲粮税。寇数万围阙里，公登城，陈以利害，讽以忠义，群感泣罗拜。
六十五代	孔衍儁	仲升		明末寇逼城，勇往御敌，被执不屈，死之。
六十六代	孔兴训	发祥		居官清俭，多善政。
六十六代	孔兴釪	起韶	邵先（霁庵）	官至陕西潼商道，釐奸剔弊，廉静有守。卒于官，士民感泣，任祀名宦，邑祀乡贤。
六十八代	孔传铎	庸民	振路（静远）	清圣祖康熙年间，岁饥流民，四集爰授屋舍，赈粟米，存活者万余人。
七十一代	孔昭慈	云鹤		清穆宗同治元年（1862 年）殉难彰化，崇祀京师，昭忠祠，敕建专祠，御赐祭葬。

续表

（七）为政有为类				
代数	姓名	字	号	事迹
七十二代	孔宪毅	玉变	阆仙	任给谏，抗直不畏权要，与张之洞、张佩纶、叶荫昉、邓承修等抗衡，一时台阁生风焉。
七十三代	孔庆鈱	真甫	卓斋	政绩卓然。
七十四代	孔繁洁	玉如	幼彝	河南候补知县，署鄢陵县事，年甫二十有九，案无留牍，吏民怀畏。

（八）事亲至孝类				
代数	姓名	字	号	事迹
十八代	孔龢			事亲孝。
二十五代	孔愉	敬康		年十三而孤，养祖母以孝闻。
二十六代	孔淳之	彦深		雅好典坟，居丧至孝，庐于墓侧。
三十八代	孔克让			事亲至孝。
三十八代	孔述睿			笃孝好学，性退让。
四十五代	孔彦辅	德甫		父疾，恳求侍养。在膝下十五年，衣不解带，药必先尝，亲终服阙。
四十六代	孔宗翰	周翰		气貌浑厚，奉亲至孝。
五十四代	孔思权	平道		以孝行闻。
五十六代	孔希泰	士享		元末之乱，奉母辟地不仕。
五十一代	孔元敬	忠卿		少孤，性笃孝。
五十八代	孔鑑	昭文		有孝行。
六十六代	孔兴燮	起吕	辅垣	事母至孝，色养弗达。

(八) 事亲至孝类				
代数	姓名	字	号	事迹
七十代	孔广栻	伯诚	一斋	其父之著述多版行，惟《蒐集》《诸家解麟经书》未竟。公乃终之孝友，出天性，舞衣承欢，切指之痛，可谓有学有行君子矣。
七十三代	孔庆镕	陶甫	治山	少长孝行益笃，父丧哀毁如礼。事母出人起居不敢有达躬。侍寝疾夜不解衣。待本生父殁于京邸，兼程奔丧，水浆不入口者三日。性尤朴厚。
七十三代	孔庆鈇	真甫	卓斋	用母忧归，遂不复出。
七十四代	孔繁淇	竹泉	卓峰	侍父母纯孝。

(九) 隐居不仕类			
代数	姓名	字	事迹
二十八代	孔祐		有至行隐于四明山。王僧虔与张绪书曰："孔祐行动幽祇，德标松桂，此古人之遗德也。"
三十七代	孔巢父	弱翁	少力学。与李白、韩（准）、裴政、张叔明、陶沔隐居徂徕山，号"竹溪六逸"。
五十六代	孔希彧	士文	处士。
五十六代	孔希翀	士翚	处士。

(十) 贞夫烈妇类					
代数	姓名	字	号	配偶	事迹
六十七代	孔毓懿	钟美	陶峰	姚氏	妻姚氏端庄，静一女红之余，旁及经史。割臂以愈母疾，

续表

（十）贞夫烈妇类				
代数	姓名	字	号	事迹
				事公姑至孝。毓懿卒于官，姚氏扶柩归葬，遂绝粒十有四日，而终得旌表，建坊，入节孝祠。

显而易见，族谱小传是家族教育，乃至传统教育的生动素材。

第一，族谱小传对人物事迹的记载，犹如"名载史册"。"人生自古谁无死，留取丹心照汗青"，展示了文天祥视死如归的精神和崇高的爱国情怀——赤胆忠心永照史册。不言而喻，"青史留名"，是古人一直以来向往的人生追求。"谱牒作为保存族内文献的途径，在族内存有自己相关的文字记载成为每一个士绅的希望。"[1]"夫家有谱、州县有志、国有史，其义一也。"[2]族谱小传，是家族中的重要史料，承载着家族荣耀。从这个角度看，族谱小传为孔氏家族内部提供了凝聚力和向心力——强烈的自我意识，对宗族的虔诚与尊重，宗族带来的自豪感——也是孔氏族人的同一性表现。这种同一性又驱动着孔氏族人抖擞精神，奋发向上，以求取功名，可以光宗耀祖。因之，族谱小传作为家族内部的重要的记述策略，激励和教化族人成人成己，是族

---

〔1〕 胡楚清：《家谱中传记书写研究——以明代徽州家谱中传记为中心》，安徽师范大学 2017 年硕士学位论文。

〔2〕 （清）章学诚：《文史通义校注》（下），叶瑛校注，中华书局 1985 年版，第 882 页。

谱这本家庭教科书的核心内容。

第二，"惟恐其不得闻于后世。"[1]族谱小传对于孔府族内优秀人物的记载，来源于真实的历史人物，但经过人为加工、转化为文本后，又高于历史人物的实践，实质上是对先人实践活动的抽象，成为孔氏族人易于取得的间接经验。这种间接经验获得的便利性来源于族谱小传——家族教育的生动素材，这种生动又表现在族谱小传中强有力的叙事风格上。族谱叙事作为一种文化叙事，也具备一定的文化观念。在同一文化情境熏陶下，家族成员不难获得一致的观念。也就是说，族谱小传文本对宗族成员起着培养目标、行为规范的整合作用，对整个宗族具有价值导向作用。族谱小传就是在叙述孔氏家族所接受和不断强化的具有统一认识的整体性的文化观念，诸如承续家学、博而好学、立学兴教、功名仕进、为政有为、事亲至孝、贞夫烈妇等。这些间接而又显性的教育经验，正是对族人起到正面引导的作用，可以对祖先的个人特质、个人品格、人生态度有更直观、深刻的了解和认知。通过榜样示范的作用，最终达到教化的目的。

从叙事的本体功能说，"叙事的基础功能之一，是建构一个知识系统，但这不是一个可以用科学标准来实证的知识系统，而是一个以人的情感、意志、伦理价值、幻想为依据的知识系

_____

〔1〕（宋）苏轼：《苏轼文集》（第 1 册），孔凡礼点校，中华书局 1986 年版，第 43 页。

统"〔1〕。族谱小传按照世系图谱的形式，将孔氏家族从缘起到发展繁衍的树形历史脉络宏观地呈现，并以中观和微观形式呈现的小传文本，将孔氏族人的事迹、特性、品行、功绩、卒年等信息忠实记录。这种宏观、中观、微观相结合的处理方式，将孔氏家族教育文化的特质几乎"一网打尽"。民国《孔子世家谱》中的人物小传为我们展示了封爵恩荫、承续家学、著作等身、博而好学、立学兴教、功名仕进、为政有为、事亲至孝、隐居不仕、贞夫烈妇等形形色色的人，极大地丰富了孔氏家族本身具有的浓厚的教育文化内容，激活了孔氏家族教育文化特质，展现了孔府族人的全部生活图景。这一生活图景的自然生成，也就意味着孔氏家族知识图式的建构完成。这种家族知识图式的建构完成，是对家族文化、儒家思想的浓缩，承载着家族一以贯之的历史使命，感化、激励和引导着孔氏家族成员。当后世子孙阅读人物小传时，就是面对着家族有声望、有成就的人物的历史文本，置身于其中的环境、事件、风俗与生活，理解小传人物的文化观念，运用情意感通机制，获得移情，以进行人格感化。

从更深层次来看，族谱小传作为一种生动的教育素材，对传主的选择、内容的编排及所要传播的教育文化观念与儒家文化、孔府价值导向息息相关、相吻合。黑格尔认为："中国……建筑在这一种道德的结合上，国家的特性便是客观的'家庭孝

---

〔1〕 张开焱：《文化与叙事》，中国三峡出版社 1994 年版，第 111 页。

敬'。中国人把自己看作是属于家庭的，而同时又是国家的儿女。在家庭之内……他们在里面生活的那个团结的单位，乃是血统关系和天然义务。"[1]族谱记录的是一个家族的演化历史，族谱小传则更像是一个家族文化观念的载体。早在宋代元丰年间，孔氏族人就已意识到族谱小传对记录、传播和渗透家族文化的重要性，"家谱之法，世次承袭者一人而已。疏略之弊，识者痛之。盖先圣之殁，于今千五百年。宗族世有贤俊，苟非见于史册，即后世泯然不闻，是可痛也"。[2]可以明显看出，族谱小传对传主选择的标准、内容设计的构想及所要实现的教育目的本身是标榜孔子及其儒家思想。曲阜，被称为"孔孟之乡"，儒家正统思想和观念深入孔氏家族的人心。因此，族谱小传在整体安排上处处体现了儒家思想这一根本指导思想。族谱小传中的传主按分类来说，可以主要编排为封爵恩荫、承续家学、著作等身、博而好学、立学兴教、功名仕进、为政有为、事亲至孝、隐居不仕、贞夫烈妇等几个类型，实质上指向的是文、行、忠、信、孝、悌、礼、义等几个文化要素。这几个文化要素，本身也是儒家思想的核心、德育内容的全部精髓。从族谱小传的行为记述中，不难看出，这些教育文化要素对孔氏家族成员的渗透和影响，同时孔氏家族成员也在时刻实践、履行着这些文化要素。人物小传是本宗族最有影响的人物载体之一，

---

〔1〕 ［德］黑格尔：《历史哲学》，王造时译，上海书店出版社 2001 年版，第122 页。

〔2〕 孔德成总裁：《孔子世家谱》，山东友谊出版社 1990 年版，"卷首·旧叙"。

也是修谱者最能展现家族光辉荣耀形象的地方。每一个人物小传都寄托着一个家族世界，映射着儒家文化、家族文化及时代文化。也就是说，孔氏家族及儒家所持有的代表性的核心的教育文化要素实际上已潜含在小传人物的文化特征中。

第二节　修谱条规：伦理教育的补充性内容

《孔子世家谱》以延续之长、族系之明、纂辑之广、核查之实、体例之备、保存之全著称。宋之前的族谱只是收录嫡系成员，北宋开始合修族谱，后形成惯例。历代修谱规定的入谱条件都极为森严，违者直接除籍。如清乾隆甲子修谱时，提出"以义子承祧者、以赘婿奉祀者、再醮带来之子承祀者、流入僧道者、干犯名义者、流入下贱者"皆不许入谱。[1]民国修谱时所订之各项条规，并无多大的实质性改变，只是对各代条规做了一个综合：

> 谨遵前谱条规。凡养异姓为子者，赘婿冒姓者，子随嫁母携来同居者，流入僧道者，及下贱者，不孝不悌、干犯名义者，俱不准入谱。该户户首、户举及各支派族人须秉公查核，不得瞻徇滥收，不得挟嫌故斥。有一于此，许

---

〔1〕　参见《孔府档案》，孔府档案研究中心藏，档案号 0789-3；孔德成总裁：《孔子世家谱》（一），山东友谊书社 1990 年版，"卷首·旧叙"。

之见者，首告宗府，从严议处。[1]

尽管明清两代皇帝都赐予孔府"统摄宗姓"的权力，明万历年间衍圣公府颁布了孔氏纲领性族规——《孔氏祖训箴规》，但是面对众多的孔氏族人，难免会有小人上蹿下跳，恶意中伤孔府，以图个人之一时名禄。孔子第六十八代孙孔继汾撰修完家谱后，又于清乾隆二十七年（1762年）编纂成《孔氏家仪》一书。结果，清乾隆四十九年（1784年）十一月十一日，为原孔府四品执事官孔继戚告发。告发内容为："革职捐复主事孔继汾，著《孔氏家仪》一部，内有增减服制，并有'其分之显悖于古者''于区区复古之苦心'等句，违背之处，卑职阅之心寒。伏查我朝盛典，礼仪制度，昭然大备，中外臣民，莫不遵行，职父孔传可，曾任江宁藩司，卑职参系四品官，世受主恩，至优至渥，捐躯难报，不敢不据实禀明，对《孔氏家仪》一书，不敢匿藏，将原书呈上。"[2]其时，正是文字狱风行的岁月。因此，清政府极为重视此事，最终孔氏族谱被改得面目全非，连辈分用字都改了。后孔继汾又因篡改《大清会典》之罪充军伊犁，经其子孔广森四处斡旋，借贷赎出。后云游南方各地，客死于杭州。其子孔广森正值英年，不久也因此郁闷而死。

尤其是在清朝的乾隆年间，发生了因民间修谱内容不符合

<hr/>

〔1〕　孔德成总裁：《孔子世家谱》（一），山东友谊书社1990年版，"卷首·修谱事宜"。

〔2〕《乾隆实录卷之一千二百二十六卷》，载 http://www.cssn.cn/sjxz/xsjdk/zgjd/sb/jsbml/qslqlcsl/201311/t20131120_847377.shtm。

规范而导致政府出面干预的事件。随之，这次谱禁事件愈演愈烈。到乾隆中期处于白热化阶段的文字狱对族谱撰修施加了更大的压力。首先，清政府出台了严厉的具体的族谱撰修条例：注意避讳、不准妄自攀援祖宗、禁止在族谱中出现"世表""传赞"名目、取消"艺文录"、不准刊载祖宗的画像、禁用一些帝王和朝廷专用词汇等。其次，制定了严厉的惩罚措施。轻者删改内容，或者直接将族谱原版毁掉；重者则会涉及人身安全、判处死刑。第七十一代衍圣公孔昭焕依例修谱，于清乾隆九年（1744 年）完成。在族谱刊刻三十余年后，正值谱禁高潮，尽管孔府地位极为尊崇，但也不敢无视当时的谱禁形势。于是，衍圣公府收回原本，删除了族谱中的年表及所谓的犯讳用语。

撰书罹祸与乾隆修谱案，无疑是孔氏族人的大灾难。这两次社会事件给予了孔府沉重的打击，成为孔氏族人心中难以抹去的历史痛点。此后，孔氏族人对修谱之事闭口不谈。直到 1930 年进行重修族谱时，尽管距离之前的打击已过去一百多年，但这两次打击及其后果依然是民国《孔子世家谱》撰修仪式准备时期最令孔氏族人忧虑之处，这忧虑是出于保全家族的考虑与需要。

基于对撰书罹祸与乾隆修谱案的考虑，孔府族人借鉴了孔氏南宗家规中的一个好规矩，决心制定专治诉棍小人的家规条例。孔氏南宗在明正德元年（1506 年）刊行《钦定孔氏家规》，第一条就是要求孔氏南宗子孙严守本分，尊崇制典，不得觊觎北宗衍圣公之职。"窃恐后世两派子孙互相嫌隙，妄起争端，不惟有违圣朝制度盛典，又恐背忘伊祖德让之风，合无严立规戒，行令在衢子孙永遵制典，恪守祖风。有违者以不忠不孝论，置之重典，永不叙录。法令照明，人无异议。"[1]因此，曲阜孔氏族人也制定了这样的规矩。无论编谱，还是著书，都不要攻讦；有妄言者，直接除姓，剥夺姓孔的权力。

修谱条规正是孔氏家规的一部分，由家族世代承袭。家规，是一个家族绵延不断的教育形成的家庭规训与风气。从《颜氏家训》《朱子家训》到《曾国藩家书》，无不体现着家规文化的教诲。众所周知，孔氏纲领性的家规是明代的《孔氏祖训箴规》。它是六十四代衍圣公孔尚贤总结先人教诲、反求诸己的智慧结晶，目的是教化族人要"尊儒崇道，好礼尚德""务要读书明理"[2]。修谱条规是《孔氏祖训箴规》的补充性规定，以家族法规的形式，要求全国孔氏族人严格遵守，各户户头户举也有义务保证它的实施。修谱条规通过族谱撰修形式形成文字，传承的是一个家族的道德准则和价值取向，教化影响着每一个族人。

马伯庸说："一个家族的传承，就像是一件上好的古董。它历经许多代人的呵护与打磨，在漫长时光中悄无声息地积淀。"[3]修谱条规就是这样的一件古董，温润如玉，愈品愈浓，既由家族文化这棵参天大树中生成，又最终演变为家族教育文化的重

---

〔1〕《孔府档案》，孔府档案研究中心藏，档案号 0736-18。
〔2〕《孔府档案》，孔府档案研究中心藏，档案号 1114-1。
〔3〕马伯庸：《古董局中局.3，掠宝清单》，北京联合出版公司 2014 年版，"序"。

要内容。修谱条规中的异姓、冒姓、子随嫁母携来同居者，意指的是家庭伦理，规范、指导族人的行为观念——遵守人类关系（以婚姻为中心）的自然法则。"流入僧道者，及下贱者，不孝不悌、干犯名义者"是孝悌、忠义、廉耻道德要求的具体化。所谓"有一于此，许之见者，首告宗府，从严议处"，更明确指出了修谱条规所具有的规范性意义。修谱条规体系森严，族人凡是有违犯条规者，就会受到孔府严厉的制裁和惩处，以至于被家谱除名，革除族籍。修谱条规的制定，是为了维护家族内部的和谐秩序，教化、约束族人的思想、行为。

远在两千多年前，孔子便建立了道德教育思想体系，把"仁"作为最高道德准则，"礼"作为道德规范，仁、义、孝、悌、忠、信、礼、廉、耻、直、勇、刚作为具体的道德品质，并以此作为培养君子的道德标准。诚如上述，修谱条规的意指，正是对族人伦理道德的一种规定性。显然这种规定性来源于儒家文化。经过历史的流动，孔子的道德观念早已凝结为家族文化，固化为孔氏族人的内在意识。修谱仪式所作的修谱条规，是族人入谱的条件，将族人的内在意识或行为倾向转化到现实生活中。修谱条规就是这样表达了孔府修谱主持者的心灵意向——对族人伦理道德规定的一种动念，以唤醒族人深层的儒家道德观念。

"孔子曰：'少成若天性，习惯如自然。'"[1]年少时形成

---

〔1〕 张鲁原编著：《中华古谚语大辞典》，上海大学出版社 2011 年版，第 246 页。

的良好行为规范、习惯和先天具有的一样自然且牢固，由此可见，家庭教育、幼功对个体身心发展具有深远持久的影响。正如福泽谕吉所说："家庭是习惯的学校，父母是习惯的老师。"一个人的教育起点在家庭，更具体地说，是家风、家规；家规奠定了个体未来成人成己的基本格局。进一步说，"夫性者生理也，日生则日成也"，"习与性成者，习成而性与成也"。[1] 人性是变化日新，生生不已的，在后天环境与教育的影响下不断形成。民国《孔子世家谱》中制定的修谱条规，尤其对家庭伦理道德的阐释，和家族文化一脉相承，是家族伦理教育的又一次显露。修谱条规尽管摸不到、看不见，但随着孔府族人深刻地体悟，在孔府文化和家族教育的熏陶下，早已实然地渗透到孔氏家族每一个族人中去。它尽管最初是以命令式、家规法规式的条文形式存在，但随着文化及社会环境的新陈代谢，孔氏族人思维、情感、教育的变化日新，其内容会逐渐成为家族成员之间的精神纽带，成为孔氏族人性格、世界观、人生观、价值观的一部分，更是孔氏家族长盛不衰的内在动因。

小　结

所谓"尊谱施教"，族谱是一部具有"身份证"性质的家庭教科书，不仅是明昭穆、辨亲疏的重要依据，而且具有道德

---

〔1〕（明）王夫之撰，船山全书编辑委员会编：《船山全书》（第2册），岳麓书社2011年版，第299页。

教育作用。族谱中的族规家训，充满着浓郁的中华民族优秀传统教育文化的气息——儒家教育文化的精髓。族谱中的人物小传，从孝悌礼仪之理到经邦济世之训，几乎囊括了人生的各个方面，对后世修身处世具有潜移默化的教育作用。因此，可以说，一部优秀的族谱，就是一部优秀的家庭教科书，书写着家族文化的地方性知识，不仅可以教育、鞭策后世，并世代传承，而且可以补充现代学校教育重知轻能的不足，以加强家庭观念和人伦方面的教导。

在民国《孔子世家谱》撰修仪式中，孔氏族人对所获取的信息进行认知加工，将族谱小传、修谱条规等一系列象征符号体系与仪式的社会文化生态环境的信息转换成符号表征，并留存于记忆中。在未来的社会行为中，孔氏族人有可能产生心理上的共鸣，激活这些记忆，表现出孔氏家族的文化特质——圣人之道。在孔氏家族观念中，始祖孔子是神圣的，始祖崇拜及其儒家文化深植于孔氏家族的日常生活中。同时，族谱小传、修谱条规等一系列象征符号体系赋予民国《孔子世家谱》撰修仪式以特定的意义结构。也就是说，始祖崇拜及其儒家文化与族谱撰修仪式这个象征符号群进行了有意义的联结，这就为孔氏家族成员主动理解和建构民国《孔子世家谱》撰修仪式的概念结构提供了可能性和必要性。

第五章
仪式程序（上）：历史文化记忆
传承中的家族认同教育

　　虽然孔氏家族和大多数姓氏家族一样，是一个基于血缘继嗣关系而形成的群体，这并非表明家族的形成是一个简单的生殖繁衍过程，而是前后承续及相关的一系列社会行为叠加的文化过程。家族实体的最终形成需要借助家谱编撰、建立祠堂、规范祭祖礼仪，并不断培养获得功名的家族成员等一系列仪式性和制度性的举措。一部《孔子世家谱》犹如历史的镜像，映射出不同历史时期的家族教育文化特质，甚至是家族与地方、社会、国家之间的互动。《孔子世家谱》实际是在特定的社会情境下，孔氏家族做出的一种有意识的集体记忆和表达，具有特定的文化、社会、心理意义。苏珊·格尔（Susan Gal）说："语言现象所能标示、再现的世界，不是透明的，也不是天真无邪的，而是一种更根本的权利关系。因而，一个地方的语言经验或行动，应被当作是一个较大的政治经济体系的一部分。"[1]族谱撰修的弹性边界向来是孔氏族人主体性的场域。孔氏族人通

────────────────

〔1〕 Susan Gal，"Language and Political Economy"，*Annual Review of Anthropology* No. 18（1989），p. 231.

过强有力的族谱书写、文本表述、仪式组织等行动手段及策略，获得了孔氏家族身份。在《孔子世家谱》撰修仪式中，族谱呈现的文本内容阐述的是孔氏家族的历史文化及教育风采，而族谱书写、文本表述强调的是孔氏家族成员对家族历史文化的书写过程。家谱撰修过程本身是一个可诠释、可建构历史和文化的过程。从文本到行动，就意味着文本中创造出来的象征、意识和观念再次融入行动中（族谱书写、文本表述、仪式组织）去，家族教育文化得以在孔氏家族成员中巩固、升华、再建构。这种以地方的、内部的视角呈现"我族"历史，利用族谱书写方式、文本表述策略的发声工具及仪式现场组织的行动策略，目的在于寻求个体在家族坐标中的位置，建构家族内部关系网络，以获得利于自我发展与家族发展的身份认同，进而获取更高的社会声望和文化资源。

第一节　制序与制度：教育身份的家族规定

家谱既是家族成员的一种内部"身份证"，也是一本家族教科书。修谱仪式中对族人所做的一系列规定，从一个家族的内部教育来说，意味着对教育对象作了界限，也意味着孔氏家族成员成为受教育的对象，即赋予了家族教科书教育对象一张"身份证"。它指向两层含义：一是这张"身份证"只指向家族成员，提供了教育家族内部人员的适宜性与合理性。二是对家族成员具有约束力和教育性。凡是族人就必须服从和遵守这个

"约法三章"。为顺利实施这张"身份证"，孔府族人制定了修谱事宜、设定行辈、辨伪真孔三大手段。通过明文规定修谱事宜、设定行辈、辨伪真孔三大手段，形成族人所要遵循的规约制度，以达到聚宗收族、维护世统的效果，继而界定了教育内容的受用对象。界定教育对象身份，实际也就是建构起了以血缘为中心的家族认同感。

一、教育身份制序的定位

明代以前，孔氏家族因人丁不多，尚没有固定的行辈，族人起名字比较随意。但自明太祖朱元璋钦赐孔氏行辈之后，孔氏族人便不随便取名，一切严格遵照皇帝钦赐的行辈。从明朝到清朝，规定了从五十六代到八十五代的字辈：

> 明建文三十三年（1400 年）定十字：
>
> 希、言、公、彦、承、宏、闻、贞、尚、衍；
>
> 清乾隆五年（1740）二月十七日定十字：
>
> 兴、毓、传、继、广、昭、宪、庆、繁、祥；
>
> 清道光十九年（1839 年）定十字：
>
> 令、德、维、垂、佑、钦、绍、念、显、扬。[1]

自此，全国孔氏族谱根据这三十个字辈进行排列。孔氏族人日益兴旺，直到民国初年行辈将近，且为各地孔氏族人编修

---

[1]《孔府档案》，孔府档案研究中心藏，档案号 1162。

家谱、以永垂万世考虑，七十六代衍圣公孔令贻于民国八年（1919年）又向北洋政府呈文续撰孔氏行辈：

> 呈为衍圣公续拟本族世系行辈字样，据情转呈，仰祈钧鉴事。准衍圣公孔德成咨称：孔氏世系按照行辈命名，每遇行辈字样届满之先，由宗子衍圣公继续拟字，咨部奏请颁行，以绵圣裔，而邵郑重。历经办理在案。现在行辈将次届满，遵循旧章，酌拟：建、道、敦、安、定、懋、修、肇、彝、常、裕、文、焕、景、瑞、永、锡、世、绪、昌二十字以为予备。咨请查核，转呈大总统训示……[1]

民国九年（1920年）冬，北洋政府内务部批准并颁行全国，布告周知各省县，孔氏后裔按照此行辈排列执行。根据民国《孔子世家谱》记载：自五十六代开始，除个别情况外，每一代都编有一个固定的字表示辈分。在孔德成修谱之前，孔氏行辈已编列到了一百零五代。[2]"到1989年为止，曲阜当地孔氏已传至八十代'佑'字辈，以下尚有二十五字可续。"[3]

从内容看，行字辈分寓意着修身齐家、幸福安康，寄托着长辈对晚辈的某种希望。从形式看，行字辈分描述了家族中的世系次第，表明同支亲属、家族世系、血统制序的命名字辈排

---

〔1〕《孔府档案》，孔府档案研究中心藏，档案号6610。
〔2〕参见孔德成总裁：《孔子世家谱》（一），山东友谊书社1990年版，"卷首·修谱事宜"。
〔3〕叶涛、陈学英、陈凡明编著：《孔子故里风俗》，华语教学出版社1993年版，第97页。

列，这是亲属称谓的依据所在。孔府亲属称谓的类型极为复杂，属于专业上的"苏丹"或"叙称"类型。个人根据自己的辈分位置对亲属们进行分类。也就是说，与自己同辈的人，必须根据具体的亲属关系选用堂兄、堂弟、堂姐、堂妹、表兄、表弟、表姐、表妹这八个中的一个称谓；与父亲同辈的男性有伯父、叔父、姑父、舅父、姨父五种称谓；上溯到祖辈、曾祖辈等，下溯到孙子、重孙子等。"对于任何社会角色来说，整个图景是一块亲属的夹心蛋糕，每一层各包括不同的一代亲人——这个社会角色的父母或子女、祖父母或孙子女；他的辈分作为计算的起点，正好加在蛋糕的中层。"[1]

　　行字辈分与亲属称谓在孔府日常生活中具有极为重要的意义，这一事实在于，亲属称谓系统不仅是一种简单的指涉，而且用于频繁而广泛的呼格。一个人如果对亲属长辈直呼其名，会被认为是一种不礼貌、不尊重的表现。实际上，在交谈中如果涉及某个特定亲属，往往依靠其他方式进行精准定位。也就是说，在亲属称谓系统上，不但要分叔父、伯父、姑父、舅父，而且在前面还需要加个伯（大）、仲（二）、叔（三）、季（小）等表示排行的字，以确保能在不提及姓名的前提下能准确指称一个特定亲属。即一个称呼就明确表示了该亲属与自身的关系。如汉语中的堂兄，一定是父亲兄弟的儿子，而且比自己年龄大。不难看出，这种亲属表达方式是区别人的重要手段。

---

　　〔1〕　〔美〕克利福德·格尔兹：《文化的解释》，纳日碧力戈等译，王铭铭校，上海人民出版社1999年版，第426页。

简而言之，孔府内的亲属称谓系统主要用分类的且面对面的交际语来确定个人。这种亲属称谓系统，不仅在交际关系中，而且在行为模式中也起到了极为重要的作用。因为亲属称谓作为一个有意义的符号系统，体现了一种观念结构，个人通过这个观念结构被理解。并且亲属称谓系统及个人在家族结构中的位置一经确定（对于一个人来说，一生下来就被确定了，自己别无选择），人际行为规范的一些观念就会随之产生。这种观念建构与选择取向，与其他象征符号的功能有着显著的不同，在于个人角色的定位。这种真实而明确的个人定位秩序，通过辈分序昭穆。以周代天子七庙为例，自始祖之后，父为昭，子为穆。排列时，大祖居中，三昭位于大祖的左方，三穆位于大祖的右方，以此来分别宗族内部的长幼次序和亲疏远近。亲属称谓系统的文化优势在于条例分明、尊卑有序。在具体实践中，亲属称谓系统不仅可以用于确定身份，而且可以指导日常生活行为，如要主动向长辈问候，吃饭时的座次安排等。"孔广棪去世时，他的儿子孔昭焕仍旧每天去十二府向两位叔祖（孔继涑、孔继汾）和曾祖母徐夫人请安问事，这已形成家规。"[1]同族之间的辈分必须严格遵守，不可有半点逾越。而且做出"凡是姓孔的人去做奴仆，一律改姓，不得入家谱"的严格规定。[2]

这种观念结构最终是为了使教育角色或身份定位，维护家

---

〔1〕 孔德懋：《孔府内宅轶事——孔子后裔的回忆》，天津人民出版社1982年版，第46页。

〔2〕 孔德懋：《孔府内宅轶事——孔子后裔的回忆》，天津人民出版社1982年版，第20页。

族世统的制序。在亲属称谓系统这张文化地图上，所有姓孔的并用行辈起名的人都可以在上面，反之则不可以。亲属称谓系统的建构，就是编织的意义之网。凡是悬挂在这意义之网上的人，在象征意义上，都会有一个参照点对应自己的角色，实质上已被家族文化所认同。通过一个个个体的身份制序确定，最终实现家族世统的制序。也就是说，孔府的亲属称谓系统不仅是把孔府族人划分成不同的行辈分层，而且通过行辈分层将"自己""父母""祖父母""儿女""孙子女"等直系亲属联系起来，形成一个以父系血缘为核心的凝聚的家族，以明昭穆、辨亲疏。它是一套具有历时性的、世代延续、生生不息的"公式"。此外，这个"公式"在表现族人的辈分、年龄与性别的同时，也对家族特质作了进一步的文化注释。孔子围绕"礼"所作的一系列论述，大多强调身份的重要性，系统地诠释了这一文化内涵。《论语·乡党》系统阐明了士人在各种场合，面对各种人的时候应当遵循何种规矩。所谓"君君臣臣、父父子子"，就是伦理道德的基本范畴、"礼"的外在表现形式。人与人交往的内核在于"孝"和"忠"。"孝"要做到"无违"和"色难"，"忠"要做到"事君尽礼"，才符合礼数标准。同样道理，重宗族也体现在"礼"的内核上，要符合亲属称谓系统的制序规定。孔氏家族的亲属称谓系统描述出孔氏族人认同的、共有的、可世代延续的精神结构——礼义规矩，它制约着孔氏族人的社会交际与行为模式，继而保证了家族世统的稳定性。

二、神圣与血缘：教育身份制度的确立

曲阜孔氏分内孔和外孔。内孔，又叫内院孔、真孔，指的是孔子的子孙，分为六十户；外孔，又称为外院孔、伪孔，是"同姓不同宗的孔氏，主要指五代时作为孔家庙户而改随主姓的孔末的后代"[1]。五代时期的孔末乱孔，曾将孔氏子弟诛杀几尽，这对孔氏家族来说，无疑是一次重大而沉痛的打击，是无法抹去并带有阴影的历史记忆。这可从元代衍圣公孔思晦镌刻的家谱石碑中窥测一二。"孔末之作祸也，我先世仅有存者，至是其裔复冒称先圣后人，欲以乱我宗谱。公曰'是贼与吾宗为世仇，不辨将益肆'。于是大会族人斥之，复刻宗谱于石，以垂永久焉。"[2]因而，内外孔有世仇，势不两立，进行着严格的区分。外孔人绝无续入孔氏家谱的可能。

族谱撰修仪式被孔府家族视为神圣的象征符号群。"一个人可选择任何一种象征复合体来揭示精神气质和世界观整合体的这一方面或那一方面。"[3]也许，《伪孔辨》能最易清晰地、最直接地表达出孔氏族人对宗族神圣的认知。

孔府每次撰修家谱时，都特别重申要剔除伪孔。民国重修

---

〔1〕 李鹏程、王厚香：《天下第一家——孔子家族的历史变迁》，经济日报出版社2004年版，第254页。

〔2〕 （清）孔继汾撰：《阙里文献考》"卷九·世系第一之九"，北京大学图书馆藏。

〔3〕 ［美］克利福德·格尔兹：《文化的解释》，纳日碧力戈等译，王铭铭校，上海人民出版社1999年版，第154页。

家谱时，就专门著有《伪孔辨》一文：

> 世之孔姓，自圣裔外，有孔忠字仲蔑，乃圣兄伯皮子，在七十二子之列，无传，此孔氏同出于子姓者也。

> 其他非子姓而为孔氏者甚众。在列国时，卫有孔达，实出姬姓，其后又孔圉、孔悝、孔宁。郑穆公有子十三，其一曰公子志，字士孔，后为孔氏；其一曰公子偃，字子孔，其后曰孔张，亦为孔氏。

> 又南宋元嘉中有孔景，盖鲁郡民也，本不姓孔，诏给孔林洒扫户，因随主姓。其裔孙孔末乘时不纲，剪灭圣裔，冒袭封爵，事绝罢免，其后嗣谓之外院，明其非圣裔也。不意孔末子孙立意害主，旧恶屡萌。见中兴后裔称为内院，有五位之名，皆受国恩，遂乃窃仿名号，亦立为五院，合党协赞，力与我族为难。金明昌三年，有孔寅孙者，以内院端修不令其弟宗昌等入学，诉于礼部，部是端修而黜之。后又有孔之仙者，欲冒圣裔，四十九代族长孔玭不从，遂击杀玭等一家十一人。元延祐四年，有孔礼者，因袭封思晦不许其入庙拜祭，遂陈告省部，自称二十七代孔乘次子景进之后，审系作伪，编入里甲。明永乐三年，又有孔谊妄称圣裔，亦言系出景进，赴通政理告，征诸洪武、天历碑，系西忠社民籍，自伏杖决。此皆洒扫后裔，与孔姓仇不共天者也。

> 逮于今日，外孔之环居阙里者犹复不少，多随我族行

辈，隐存冒入之心。此次合修族谱，西隅社小孔家村与李官庄之伪孔先混入戴庄户，被户举查出后又混入大薛户，亦复败露，经族长孔传堉将二户首严惩革除。

凡我族人，稍有人心者，岂可贪图金钱，忘却世仇，以相援引乎？语云：非我族类，其心必异，可不戒欤？[1]

修谱，并专设《伪孔辨》一文，目的在于有效地防止和清查"外孔"的滥入。伪孔辨文所表现的世界观[2]不是从家族外部产生，而是从家族内部甚至是孔氏族人自我感觉中萌芽。或者说，是神圣、荣耀与祖训的家族内部的共同认知，而不是特权和待遇的外部因素为剔除异孔提供行为动机。

在民国《孔子世家谱》中，还编纂了姓源、宗派总论、圣祖至四十二代图、中兴祖至今二十派图、二十派至分六十户图、嫡裔考、嫡宗图又南宗图、内院直孔图与外院伪孔图，以叙述本族姓氏的由来、始祖的渊源、迁徙的经过、兴盛的始末、祖宗的事迹、家族谱系等情况，为核查家族的系统源流提供依据，与伪孔辨文的效用形成配合。因此，《孔子世家谱》是真实的历史书写，目的在于坚持正名。"祖书曰：'必也正名乎？'又曰：'名与器，不可以假人。'……欲谱其名而编辑之，曰：'孔氏正

---

〔1〕 孔德成总裁：《孔子世家谱》（一），山东友谊书社1990年版，"卷首·伪孔辨"。

〔2〕 格尔茨从文化人类学的角度集中讨论了"世界观"，认为："认知的、存在的方面被称为'世界观'。世界观是他们对实在物的描画，对自然、自身和社会的概念。它包容了其最全面的秩序的观念。"（参见［美］克利福德·格尔兹：《文化的解释》，纳日碧力戈等译，王铭铭校，上海人民出版社1999年版，第148页。）

名之书也。'此何说也？曰：'所以防盗名也。'……倘按谱而索之，知某也。衍派若而人某也。"[1]凡属孔裔，一律载明属于何户何支，编排得有条不紊。凡今存 70 岁以上的孔裔，都能在谱中查到自己的名字，并可依序上溯到每一位祖先，直至孔子。"在神圣仪式与神话中，价值不是被描绘为主观性的人类偏爱，而是被描绘为具有特定结构之世界中默认的强加于生活的条件。"[2]全族谱系是族谱的主要内容，占有 99.07% 的篇幅，提供了入谱的依据：凡是能够查明的宗亲，一律入谱。一时查不到的，也收录在案，以供后人查明。清晰的家族来历，详细的世系记录，保证了家族血缘关系的一致性。这就是孔氏族人通过族谱修撰所获得的意义结构。家谱，是宗族血脉的象征，不是编写同姓名录，而是根据血缘传承的，一个以血缘关系为主体的家族世系文化图表。一如生命，有血缘者有意义，有意义者有血缘。

神圣、荣耀、祖训的世界观与血缘中心的孔府族人的精神气质之间的综合性，在伪孔辨文中表现出来。其一，它直接体现的是孔府的荣耀、神圣不可侵犯。"凡我族人，稍有人心者，岂可贪图金钱，忘却世仇，以相援引乎？"对孔府族人孜孜不倦地告诫。基于孔府的特殊地位，历代王朝都给予孔子后裔"累朝优礼""与常人异"的待遇（拨给蒸尝田供祭祀、子孙上学、

---

[1]　孔德成总裁：《孔子世家谱》（一），山东友谊书社 1990 年版，"卷首·旧叙"。

[2]　[美]克利福德·格尔兹：《文化的解释》，纳日碧力戈等译，王铭铭校，上海人民出版社 1999 年版，第 154 页。

优免地方差徭、增加科举名额等）。非圣裔的孔氏以图享受到优厚待遇，伪孔冒宗的现象在历代时有发生。为了维护孔府的荣耀、神圣的地位，孔府制定了严格的、细密的审核方式。因此，在曲阜内，冒宗易于识别，伪孔之人很难做到滥竽充数、蒙混过关。其二，伪孔辨文核心在于维护孔氏家族血统的纯净。孔尚任在族谱序言中说："孔氏之谱系，孔氏之胞胎也。千脉万络悉在包罗。痛则关痛，痒则关痒。凡非种之附者，瘫也，患也；一本之传者，骨也，肉也。伪者辨之，真者收之。"[1]如果家谱是以血缘关系为核心的亲缘关系的缩影，那么伪孔辨文就是强化家族成员血缘关系亲疏远近观念的一种显性手段。其三，这种综合在伪孔辨文中通过丰富的范例呈现出来。如五代十国时期的"孔末之乱"堪称最严重的一次。孔末原是孔府的洒扫户，后仆随主姓而姓孔。在战乱频仍之中，孔末"承五季之扰，杀圣人子孙几尽"，自己伪孔冒宗，承袭爵位。孔裔惟有四十三代孔仁玉，在外祖母的拼力救护下，劫后重生。直至后唐长兴三年（932年），此事才东窗事发，明宗重新加封孔仁玉"文宣公"，孔子世家得以中兴。自此，孔仁玉的后裔称为"内孔"，而孔末之后称为"外孔"，两者并非同祖同宗，后代永为世仇。伪孔辨文通过这些基本的、典型的，甚至带有惨痛的血色印记的范例，象征性地告诉孔府族人一个意义结构——非我族类、其心必异；或者说，血统的纯净与荣耀即道统的纯粹与神圣。

---

〔1〕 孔德成总裁：《孔子世家谱》（一），山东友谊书社1990年版，"卷首·旧叙"。

这也许就是孔府族人坚称道统的有效性并承续道统的精神性的最确切的解释。

第二节　历史与现实：家族教育对象的艰难聚网

一、文化生态背景

孔府坐落在曲阜。曲阜，曾是鲁国故都，孔子故里，具有浓厚的儒家文化气息，被誉为"东方圣城"。民国十七年（1928年），曲阜划归山东省隶属，位于山东省西南部，北依泰山，南瞻邹城，东连泗水，西抵兖州。[1]

曲阜属于温带季风气候，平均年降水量 672.1 毫米，夏季降水量集中。但民国初年（1912 年），曲阜的自然灾害颇为严重。1917 年 5 月，姚村以东地区遭雹灾，雹体大者如茶碗，小麦全部砸光。1922 年 4 月，王庄、张羊、城关、北兴埠一带降雹一小时，平地积雹盈尺，小麦全部砸毁，树木也死伤过半。1923 年 5 月，姚村一带又遭雹灾。雹体大者如茶壶，小者如鸡卵，小麦全被砸光。

常言道："祸不单行。"这样一个村庄和小城镇，在民国年间，除了天灾，却也饱受军阀混战、时局动乱的牵连。1927 年

---

〔1〕 孙永汉修，李经野、孔昭曾纂：《中国地方志集成·山东府县志辑 74·民国续修曲阜县志/光绪泗水县志》，民国二十三年（1934 年）铅印本，教育出版社 2004 年版。

7月，匪首张宪斌带领三百余匪徒袭劫钱家村，屠杀村民48名，房屋烧毁300余间。两天后，又袭劫席家村，杀死村民3名，焚烧房屋200余间。12月，以张宪斌为首的匪徒又先后袭劫万柳庄、南陶洛和徐家村，杀死村民9名，三村房屋大都化为灰烬。但对曲阜，乃至孔府破坏最深的还是1930年初发生的"中原大战"。阎军在3个炮兵团火力配合下连续攻城11个昼夜。曲阜的东、西、北城的城楼都遭破坏。孔庙内也有15处被严重摧毁，奎文阁的西北角被打穿，大成殿天花板也被打穿。颜庙也有30多处遭炮击。这11个昼夜中，孔府族人苦不堪言：一口苦水井，来支撑数千人的饮水问题；缺医少药，生病难以及时医治；粮食短缺等。9日，援军到达曲阜，阎军北逃。战事结束，孔府以衍圣公孔德成的名义向国内、国外呼吁要保护中国圣地孔庙，并提出援助要求。[1]

孔府的收入在帝制时代主要来源于皇帝的恩赏、俸禄、卖官所得，以及地租的租金。到了民国年间，帝制崩溃，孔府现金收入只依靠着地租租金，但租金往往也收不上来。另外，虽然孔府的土地分布在5省30多个县，但土地租金、土地所属权相当混乱，导致大量土地丢失。因此，"（20世纪）20年代初期，孔府在经济方面就是只出不进，一大特点——穷。"[2]"陶氏在给陶三舅信中谈到为大姐德齐筹备嫁妆时也说：'办嫁妆需

---

〔1〕 孔德懋：《孔府内宅轶事——孔子后裔的回忆》，天津人民出版社1982年版，第155~156页。

〔2〕 孔德懋：《孔府内宅轶事——孔子后裔的回忆》，天津人民出版社1982年版，第144页。

三千元，日夜焦虑。'"〔1〕这是一段孔府二小姐——孔德懋自记事起的回忆记录。这一份颇为沉重的社会记忆，可以看到当时孔府经济状况的困顿，而孔府解决经济的唯一方法就是四处借钱。以至于每年腊月二十八时，不得不设法借新账换旧账。如孔印秋在一封信中曾说道："借毛务斋三千元，明月亭三百元，本利皆索，月来无日不在讨索中。"〔2〕尽管孔府已毫无收入，但开支却一点也不见减少。孔府碍于自己的地位，一些场合上的应酬也是一项相当沉重的开销。这从 1929 年孔府支出账目上便可得到更直观的感受：

圣公府内账房《己巳年（1929 年）日用钱银流水账》〔3〕

正月初五日

周学正月份喂鸟食　　　钱十二千五百八十文

十五日

正月份猫鱼　　　　　　钱三千文

正月份狗肝　　　　　　钱十二千文

二十五日

正月份真官喂鸟食　　　钱十五千文

五月十二日

---

〔1〕 孔德懋：《孔府内宅轶事——孔子后裔的回忆》，天津人民出版社 1982 年版，第 147 页。

〔2〕 孔德懋：《孔府内宅轶事——孔子后裔的回忆》，天津人民出版社 1982 年版，第 147 页。

〔3〕《孔府档案》，孔府档案研究中心藏，档案号 8441。

周学五月份喂鸟食　　　钱九千〇四十文

须粉二十斤　　　　　　钱百千文

送犬养毅礼五份　　　　钱二百廿千

十三日

犬养毅来雇人三名洒打大门　　　钱四千文

六月初七日

喂狗牛奶　　　　　　　钱三千五百文

十五日

喂狗牛奶　　　　　　　钱三千五百文

十一月十四日

公费喂狗牛奶　　　　　洋五角

1929年6月8日，位于曲阜的山东省第二师范学校的学生在校长宋还吾的支持下，在学校礼堂公演了《子见南子》剧。该剧系林语堂根据《论语》中的"子见南子"故事衍化成一出新编历史剧。戏中的台词都是一些现代新词语，南子把孔子弄得灰头土脸，礼仪尽失。最后自己都无法维护自己学说，坦言"我不知道。我先要救我自己"[1]，只能仓皇落逃。不久，二师学生又在孔庙前面加演了一场，这显然是二师学生对孔府及其圣裔们的挑衅。对于孔子后裔来说，无论从情感上还是利益上考虑，都不能容忍有辱没先祖孔子的事件发生，最终决定对二师学生回击。

---

〔1〕　林语堂：《翦拂集·大荒集》，人民文学出版社1988年版，第313页。

事实上，"子见南子"案作为一个轰动一时的文化事件，是新文化与旧文化之间正面较量的借题发挥的道具。民国时期，新旧文化长期并存的二元格局，导致了新旧文化的抗衡与冲突。新派经历新文化运动、"五四运动"的洗礼，思想逐步解放，宣传新文化的情绪日益高涨。以孔氏家族为代表的传统势力则力图拥护封建礼教，维护孔子的圣人形象。但是由于民国时期并没有在统一意识形态方面获得全国的认同，旧文化受到多重异质文化的冲击，任何新的文化形态亦会遭到旧文化的抵制。

民国社会处在新旧交替的转型时期，尊孔派与反孔派之间的交锋与争论，实质上反映了各个不同阶级、阶层的政治、经济利益，根据不同需要而打出的一张有权威的挡箭牌。民国初建，儒学受到极大冲击，南京临时政府对儒学采取了改良、抑制的政策。1912 年 1 月，教育部宣布"小学读经科一律停止"。同时规定文庙祭祀时不用下跪磕头，只行三鞠躬礼。但不久，袁世凯窃夺民国临时大总统职位，逐步掀起全国的尊孔热潮。1913 年 6 月，袁世凯发布《尊孔祀孔令》，命令全国"尊孔祀孔""以正人心，以立民极"[1]。同年 10 月，宪法起草委员会通过定孔教为国教，载入《天坛宪法草案》。1916 年 1 月，袁世凯加封"衍圣公"孔令贻"郡王"衔，[2]以期获得儒家的更大支持。同时，康有为率先提出儒学"国魂"说，宣扬尊孔救国

---

〔1〕 韩达编：《评孔纪年（1911—1949）》，山东教育出版社 1988 年版，第 18 页。
〔2〕 韩达编：《评孔纪年（1911—1949）》，山东教育出版社 1988 年版，第 40 页。

论，认为"欲活人心，定风俗，必宜遍立孔教会"[1]。1915 年
9 月，陈独秀在上海创办《青年杂志》（后改名为《新青年》），
标志着新文化运动兴起，掀起了自由主义知识分子的反孔大潮。
陈独秀指出孔子学说乃"别尊卑、重阶级、事天尊君、历代民
贼所利用之孔教"[2]。儒道不适于现代生活，应"向腐败的封
建意识战斗"[3]，"儒家三纲之说……是以己属人之奴隶道德
也"，号召人们"完成思想和个性解放"[4]。经过新文化运动
以及"五四运动"等的冲刷，孔子的神圣地位和儒学的权威地
位开始动摇。到了南京国民政府统治时期，又再次掀起尊孔热
潮。1928 年，南京国民政府便训令全国恢复孔孟之道。"1934
年，南京国民党中央通过尊孔祀圣决议，通令全国学校每年举
行'孔诞纪念大典'，令学生'尊孔读经'。"[5]同年，南京国
民政府在全国发动"新生活运动"，提倡贯彻"礼义廉耻"，重
修文庙，以孔子诞辰为"国定纪念日"。南京国民政府当时初
创，不过是急于寻找、利用和重建孔子儒学这一文化资本来维
持国家统一和稳定统治格局，于是作为中国传统文化象征、中
华民族固有精神图腾的"孔子"又一次被推上了历史舞台的最
前沿。但新文化运动、"五四运动"传播的民主与科学的观念已
蓬勃发展，各地批孔、反孔运动高涨，因此南京国民政府的尊

---

〔1〕　韩达编：《评孔纪年（1911—1949）》，山东教育出版社 1988 年版，第 8 页。
〔2〕　陈独秀：《驳康有为致总统总理书》，载《新青年》1916 年第 2 期。
〔3〕　陈独秀：《敬告青年》，载《青年杂志》1915 年第 1 期。
〔4〕　陈独秀：《一九一六年》，载《青年杂志》1916 年第 5 期。
〔5〕　吕明灼：《儒学与民国政治》，载《文史哲》1995 年第 3 期。

孔热潮遭到议论纷纷，莫衷一是。1928 年 2 月 18 日，蔡元培以"中华民国大学院院长"名义发布"废止春秋祀孔旧典"的通令。[1]不久，蔡元培等又提出"取消衍圣公，收孔庙孔林归国有"等意见，并建议拟定《改革曲阜林庙办法》。[2]即使南京国民政府始终尊孔，称颂孔子为"千秋仁义之师""乃世人伦之表"，严令曲阜县政会对孔府要"广为晓谕，加意保护，毋稍疏懈"，[3]但"民主""共和"已深入人心，不得不慎重考量人心向背问题。于是，1935 年 1 月 18 日，国民党政府下令"兹以孔子嫡系裔孙为大成至圣先师奉祀官，以特任官待遇"。自此，已沿用 800 多年的衍圣公封号宣告终结。孔氏族人为维护孔氏家族的利益和权威而采取了一系列举措，但终因历史潮流再难以逆转。

二、家族教育对象聚合的综合考量

修谱凡例，意为修谱的"发凡"和"起例"，是指揭示族谱要旨，拟定修谱规则。在参照旧谱凡例的基础上，提出新的要求和规定，以作为族谱撰修的总体原则，规范撰修族谱过程中的一切事务，提高族谱撰修的质量和标准。民国《孔子世家谱》中的《修谱凡例》主要包括规格标准、质量要求、谱例编排、补充说明四个部分（表 5-1）。

---

〔1〕　中国蔡元培研究会编：《蔡元培全集（1927—1936）》（第 6 卷），浙江教育出版社 1997 年版，第 1181 页。

〔2〕　中国社会科学院近代史研究所中华民国史研究室、山东省曲阜文物管理委员会编：《孔府档案选编》（下册），中华书局 1982 年版，第 715 页。

〔3〕　《孔府档案》，孔府档案研究中心藏，档案号 8151。

表 5-1　《修谱凡例》主要内容〔1〕

一、入谱规格标准
（一）六十户及各支各派有人丁独蕃或徙居他方者，但就本户本支本派更为分叙取，易于稽查，亦本各尊其迁居祖之意也。
（二）某户某支某派某代共若干人，现在若干人俱详书于本户本支本派本代之下，以防私入。且新旧相较，知增衍几何，以为丽亿之庆。
（三）各户各支各派有迁居他乡、他县、他省者，必志其所居，既不致因迁徙失稽，亦可弭冒宗之弊。
（四）族中有为人后者，仍注于其本生父之下，原人子之心，不忍忘其所自出也。
（五）六十户族人落居外方，乾隆甲子失修者，则注云居某处，附叙于本户之后，以便稽考。
（六）中兴祖前后流落他省、县者，皆各为一卷，次第列于二三集中，盖本其尊始迁族之意，重亲亲，以别疏远也。
（七）康熙甲子谱末有流寓一篇。乾隆甲子谱于南渡衢州一支外，其他流寓异地者，多注云无传，悉为拒绝。当时虽鉴孔末之乱，未免有失敦睦之情。今者合修族谱，交通便利，廿余省所来谱册须一一详审确实，叙列清楚。至于上代失考与老谱不能衔接，宗系碑无所稽查者，俱列于四集卷中，以符收族之意。
二、修谱质量要求
（一）旧谱之修仅按六十户，今则全国族人合修谱牒。凡唐宋元明时宦游不归，避难他徙以及贸易在外、居异地者，代远易讹，人繁难覆，务宜查明支派，以昭慎重。
（二）外省族人交到谱册，有本非同支同派，因散处远方而绝不叙列者，且有误指某代某公为始迁祖，而究竟非其祖也。对于此等，谱册须细心考查，分别编纂，务使各归各支各派，不得亲疏，乱合以混源流。
（三）初集六十户每卷首则书某户，二三集各支派每卷首则书某支某派，不敢直书某公之后，讳尊名也。
（四）各户悉以祖居村立一户名，各支各派亦宜以始迁地定一支名派。名以为区别且使聚族而居者，不敢忘先世之遗泽。

---

〔1〕　此处系根据孔德成总裁：《孔子世家谱》"卷首·修谱凡例"整理加工而成。

（五）各户各支各派族人，凡有德、有位者，方详书字号，上贤贵贵之道也。
（六）全谱印完，每部卷首须钤盖宗子奉祀官印一颗、家庭族长图记一方，以杜弊端。
三、谱例编排
（一）家谱标题仍遵清康熙乾隆甲子修谱旧例，名曰《孔子世家谱》。
（二）旧谱首书先圣，今仍从旧式，以附古者诸侯不敢祖天子、大夫不敢祖诸侯之义。
（三）先圣言行载在经传，海内诵习，无待铺陈，今惟据《家语》《世家》略述，出处、大端余并从省。
（四）自宋元丰以来，历次修谱之序，清康熙甲子重修悉列谱首，至乾隆甲子重修删去。依康熙旧谱仍行列入。俾读者知历代修谱沿革，并悉梗概。
（五）旧谱以先圣为卷一，中兴祖为卷二，至五十三代二十派分为二十卷，六十户统系于二十卷中。此次全国合修族谱共列为四集：初集仍以先圣为卷一，中兴祖为卷二，六十户则自大宗户次第分为六十卷；二集则中兴祖以后流寓，共为三十四卷；三集则中兴祖以前流寓，共为十卷；四集则上代失考者，共为二卷。统计共一百零八卷，每卷人数多寡自殊，无嫌篇幅不均。
（六）各处谱册注载繁杂，体制各异，今悉依旧谱式，俾皆归于一律。
（七）旧谱有姓源一篇，冠之于首，至乾隆甲子重修时删去，今复载于谱首，以见得姓受氏之由，庶不昧发祥所自。
（八）旧谱首有宗派论、嫡裔考、伪孔辨及世系支派各图与内院真孔、外院伪孔之图，所以明世系、分支派、别真伪、意至深也，今悉仍之。
四、补充说明
各处谱册，如有疑难或发生争端时，由馆内全体职员开会解决。其有情节较重者，呈请宗子核办。

曲阜六十户和流寓中的各派各支，在精神世界、价值信仰、道德追求等方面没有多大的差异，都属于圣裔的一支，都受孔子及其儒家思想熏陶。虽然处于复杂的文化生态背景中，但孔

氏族人仍能将民国《孔子世家谱》撰修仪式顺利举行，一是有赖于交通发达、全国孔氏共同的文化信仰与追求，为本次修谱提供了可能性；二是围绕当时的文化生态环境而产生的心理和社会的紧张。因此，作为象征符号的修谱凡例具有宗族和社会的双重意义。

在文化层面上，也就是在意义层面上，在于完成孔氏宗族世系的整合。清顺治时六十六代衍圣公孔兴燮说，修谱可以使"世系详而渊源洨，可以作孝，合远而近，合散为聚，即分而千其人百其人，胥以吾一人之心视之，可不谓仁焉。长长幼幼，弟也。为大宗为小宗，粲乎秩然，弗敢以冒越也"〔1〕。七十三代衍圣公孔庆镕说："承袭大爵以来，窃以礼莫大于尊主敬宗，义莫重于序支修谱。"还说："自春秋以来两千余年，苗裔繁衍，户分六十，丁满数万，未有若斯之盛者。家门故事，每逢甲子大修谱牒。凡世居阙里者，序次详明，由来尚矣。"〔2〕"派分南北，流出一源，故合散为聚，汇为一谱，详本支，序昭穆，粲乎秩然，莫之或紊。俾览斯谱者，咸晓。然于积之厚者，流自光则。尊祖敬宗之心，庶乎油然而生矣。"孔府族长孔传堉在序中更是言简意赅，一针见血地指出本次族谱撰修的意义，"从此，合远为近，万派归纳于一本，大宗领小宗，昭穆不紊。吾族人各本敬宗睦族之化，除畛域，联为一体，谓非极美、极盛

---

〔1〕 孔德成总裁：《孔子世家谱》（一），山东友谊书社1990年版，"卷首·旧叙"。

〔2〕《钤印嘉庆、道光朝代续修山东郯城孔氏支谱》"序"，曲阜孔子博物院藏。

之事乎?"〔1〕将独处一地或迁徙他地的孔氏族人，都编排在各自的本户本支本派本代之下，以表示尊重始迁祖。族内各户各支各派的继承人，仍注于其父之下，以表示不忘本。同时要求乾隆甲子修谱没有记录的，可以附叙于本户之后。总之，修谱条例制定了详细的入谱人员的规范和要求，以同户同支同派为基准线，力图将同宗同一血缘的家族成员全都聚合一起。

清乾隆甲子修谱时，曾删掉了外地宗亲的谱序。而民国《孔子世家谱》撰修仪式准备修成全国性的大谱，广开渠道，到全国各地遍访孔氏宗亲。凡是能够查明的宗亲，一律入谱。一时查不到的，也收录在案，以供后人稽查。因此，《修谱凡例》中将编修体例分为四集：初集以先圣为第一卷，四十三代中兴祖为第二卷，也就是曲阜的二十派六十户，共六十卷；二集，中兴祖以后流寓到外地的三十四支，共三十四卷；三集，中兴祖以前的流寓户，十支，共十卷；四集，收录历代与家谱失去联系、尚待考证的孔氏宗亲。这样的编排体例，便于将全国各地的孔氏宗亲都收入谱中。

然而，《修谱凡例》的制定具有鲜明的时代性。进一步说，若想形成一份深思熟虑的修谱规则，就必须对当时的政治经济制度、社会发展动态、思想意识形态以及族人的认识思维方式等因素进行综合衡量。因此，《修谱凡例》并不纯粹是意义模式；它表达的也是一种社会互动形式。孔府后裔，千百年来都

---

〔1〕　孔德成总裁：《孔子世家谱》（一），山东友谊书社1990年版，"卷首·序"。

是贵族世家，养尊处优已成自然，并要坚守和维护那些能代表
文化世家的一系列象征符号。而今却身处于复杂动荡的社会环
境中，仅靠势单力薄的孔府这一支，确实难以应对当时社会的
复杂形势。正基于这样的事实，孔府族人冥思苦想出了团结族
人的办法，触发了民国的全国性孔氏族谱撰修的文化活动。通
过族谱撰修仪式，在整合孔氏宗族世系力量的基础上，统一全
国孔氏族人的思想，获得家族认同感，共同支持孔府，以应对
动荡的社会形势，提高孔府的社会地位及话语资本。

　　另外，随着社会环境的巨变，孔府文化世家的地位日渐式
微。尤其进入 20 世纪 20 年代以后，孔府更是面临着前所未有的
生存危机。战乱匪祸，反孔浪潮，一波未平，一波又起。这样
的局势下，如何团结族人、共度乱世，当然成为孔府族人迫在
眉睫的事情。在孔府族人看来，正是因为宗亲要人的力挽狂澜，
"教育部没收祭田的提案才被否决，'子见南子'案的处理结果
才不至于太难堪"〔1〕。而修谱，便是实现家族力量整合的不二
选择，孔氏族长孔传堉如是说。〔2〕

---

〔1〕　李先明、孟晓霞：《南京国民政府初期"反孔"与"拥孔"之争——以
1929 年〈子见南子〉案为中心》，载《民国研究》2015 年第 2 期。
　　〔2〕　杨义堂：《〈大孔府〉第十四章 圣公府连倾楹柱 陶夫人临终托孤》，载 ht-
tp://www.jnnews.tv/p/691595.html。

第三节　合力与意识：家族认同教育的塑造

一、内生合力：家族认同教育塑造的强力保障

孔氏家族支系庞杂，遍布全国，为确保修谱工作的顺利进行，修谱伊始便建立了一整套严密的组织机构、仪式程序及其相应的规章制度。1928 年，孔府在民国政府工商部长孔祥熙[1]的支持下，建立"曲阜全国孔氏合族修谱办事处"（以下简称"谱局"）。谱局内设立专职，包括总裁、提调、监修、编次、校阅、收掌、文牍、书记、收发、庶务、会记、交际、督刊等职，由专人担任。并在全国各大中城市普遍设立了办事处，村庄、街道设立通讯处。

表 5-2　修谱职员名录[2]

职名	简历	姓名
总裁	特任大成至圣先师奉祀官	孔德成
提调	家庭族长	孔传堉
	清赐同进士出身陕西同州府知府	孔繁朴
	清德宗光绪丁酉年（1897 年）科拔贡、法部郎中	孔繁裕
	四氏学附生、三等执事官	孔继纶

---

〔1〕 本书对该人物不进行任何评价，仅就其在孔氏宗族中做出的贡献而言。

〔2〕 根据孔德成总裁的《孔子世家谱》"卷首·修谱职名"整理。

续表

职名	简历	姓名
监修	四氏学附生、前中庸书院奉祀官	孔继堃
	署直隶乐城县知事	孔令熙
编次	四等执事官	孔广彬
	四氏学附生、中学堂毕业、四等执事官	孔广梅
	四氏学附生、四等执事官	孔广虔
	四氏学附生、五等执事官	孔昭桅
	四氏学附生、五等执事官	孔宪桂
	五等执事官	孔广桐
	四氏学附生	孔庆勋
	四氏学附生	孔宪钊
	五等执事官	孔传河
	五等执事官	孔广誉
	五等执事官	孔昭海
	山东省立第二师范学校毕业	孔令熹
	山东省立第二师范学校毕业	孔昭雯
校阅	四等执事官	孔宪芷
	五等执事官	孔庆然
	四等执事官、洙泗书院学录	孔昭诺
	保定师范毕业、简任职直隶任用县知事	孔昭菜
	四氏学附生、保定师范毕业	孔昭榘
	七等执事官	孔庆岐
	五等执事官	孔昭纶

续表

职名	简历	姓名
	七等执事官	孔昭寅
	四氏学文童	孔繁叶
	初级师范毕业、单级总所毕业、法政速成科毕业	孔祥垣
收掌	四等执事官、前洙泗书院奉祀官	孔宪备
	四氏学附生、高等师范毕业、奖给优贡生	孔庆瀛
	五等执事官	孔庆鸿
	五等执事官	孔庆熙
文牍	清德宗光绪辛卯年（1891年）科优贡、丁酉年（1897年）科举人、直隶补用知县	孔昭栻
	四氏学增生、优级师范毕业、明德中学校长	孔宪滢
	四氏学优廪生、曾充参事员	孔宪瀛
	清德宗光绪壬寅年（1902年）补行、庚子辛丑恩正并科举人、署理观	孔宪泰
	五等执事官	孔繁声
	清德宗光绪辛卯年（1891年）举人、内阁侍读、补用知府留东	孔昭曾
	四氏学附生、师范学校毕业、简任职任用、署霸县知事	孔令煦
	师范学校毕业	孔宪熹
	四氏学附生、优级师范毕业、现充明德中学校长	孔昭润

续表

职名	简历	姓名
书记	五等执事官	孔繁昌
	七等执事官	孔宪福
	山东区长、训练所毕业、曾充曲阜泗水第一区区长	孔宪淞
	七等执事官	孔宪臣
	七等执事官	孔庆宜
收发	四等执事官	孔宪晋
	清岁贡生	孔宪佶
	四氏学廪生、优级师范毕业	孔宪熵
	七等执事官	孔庆琳
庶务	曲阜中学毕业	孔祥枛
	七等执事官	孔宪昌
	曲阜中学堂毕业	孔庆笃
	七等执事官	孔宪镛
会计	四氏学增生、江苏候补直隶州	孔繁潵
	中学毕业、山东第一区行政专员、公署第二科科员	孔宪晋
交际	七等执事官	孔继珩
	三等首领官、石门书院奉祀官	孔广霱
	大成至圣先师奉祀官府交际主任	孔祥枌
	陆军营长	孔繁沂

续表

职名	简历	姓名
督刊	前至圣林庙奉卫官	孔令儁
	河南旅、汴中学堂毕业、山东财政厅秘书	孔令佑
	北京大学毕业	孔宪恺
	清太学生	孔令沅

从表 5-2 中，不难看出，谱局专职共有 66 人。仕进者 52 人，占比 78.79%（其中大成至圣先师奉祀官 1 人；孔府族长 1 人；林庙举事 1 人；执事官 29 人，占比 43.94%；书院奉祀官 3 人，占比 4.55%）。中举者或接受过中等教育及其以上的人有 34 人，占比 51.52%。

这组统计数据清晰地表明谱局是孔府精心安排、策划的结晶，职员配置更是经过慎重推选的。修谱是合族大事。因此，修谱工作，都是由宗子衍圣公亲自主持，担任总裁。孔府族长孔传堉，四十员中的孔印秋、孔继纶主持日常工作。其中衍圣公具有按家法整治族人的权力[1]，"……统摄宗姓，督率训励，申饬教规，使各凛守礼度，无玷圣门。如有轻犯国典，不守家规，恃强越分，朋比为非，轻者迳自查处，重则据实指名参奏，依律正罪"[2]。孔府族长始设于北宋崇宁三年（1104 年），一般

---

〔1〕（清）潘相纂修：《曲阜县志》"通编·卷二十九"，清乾隆三十九年（1774 年）刻本。

〔2〕《统摄宗姓匾》，现悬是孔府大堂正中。

由衍圣公从孔氏族人中选择"年长、行尊、有德行者为之"[1]，并从四十员执事官中挑出。族长的任务是"申明家范，表率宗族，凡子弟有不率不若者，教治之"[2]，还要"遇祭期充领班官，率各户族人随班陪拜"[3]。孔府族长专管孔氏族人的词讼及纠纷；族人若不听招呼或违犯家规，族长有权责打之。甚至衍圣公外出或年幼不能亲自主祀时，有时也会被委托担任主祀。提领林庙监修官是副族长，由衍圣公选择才德兼优、廉洁干练的族人委任，职责是协助族长管理族务和负责监查林庙，"专一督领各户户举查理林庙及一切家族事务，凡有惰慢误公者直言举出，依家范责罚。遇祭期充纠仪官，族人不敬不谨者可以指名纠察"[4]。另外，族长以下的孔庙执事官四十员，也是孔氏家族近支中德高望重的四十个长辈，可共同商议族里的事情。

　　但凡修谱，必先设置谱局。谱局具有总领全局的作用，关系到族谱撰修的质量问题。因此，各宗族十分重视谱局的设立。孔府家族更是如此。谱局内经过精挑细选的谱局职员，是整个家族最有名望的人，几乎囊括了这个时代下的家族精英——总

〔1〕（清）孔继汾撰：《阙里文献考》"卷一八·世爵职官第四"，北京大学图书馆藏。

〔2〕（清）孔继汾撰：《阙里文献考》"卷一八·世爵职官第四"，北京大学图书馆藏。

〔3〕（清）孔尚任撰：《阙里志》"卷二一·宗族志"，衍圣公府自刻本，曲阜师范大学图书馆藏。

〔4〕（清）孔尚任撰：《阙里志》"卷二一·宗族志"，衍圣公府自刻本，曲阜师范大学图书馆藏。

之，是地位的象征。孔府为了管理好孔氏族人，在朝廷的支持下，逐步建立起从孔府（衍圣公）、孔氏族长衙门（族长）到每户户头、户举的金字塔式的较为完整的管理系统。衍圣公是整个孔氏家族的最高统治者，户头户举主持各户家政，层层管理与被管理。即以大宗主衍圣公为核心，通过各户户头户举，把全国各地族人直接组织在宗族之网内。通过这种有效的管理方式，为孔氏家族的发展和繁衍提供了便利条件，保证了孔府的绝对权威和人员管理的有效性。因而，这种地位在象征意义上是极为重要的。将看似散沙一盘的全国孔氏族人再次轻而易举地凝聚一团的不是谱局本身，而是宗子衍圣公，是孔府所驱动的结果：即孔府的地位等级观念已内化到谱局中。同时，孔府一声令下，全国孔氏族人便迅速地将支谱、证明材料等送交孔府，实则是孔氏家族同心凝聚的有力行动表现。

尽管孔府族人与孔氏支派族人之间的互动构成了严密的、看似紧张的组织场域，但在表面张力之中确实也催化着家族的内部合力。这种孔府的地位等级观念为孔氏家族成员的家族认同感和归属感的塑造提供了强健的保证机制。从谱局来看，包括总局和分局（各地办事处、通信处），便不仅是简单地修缮族谱的功能场所，更重要的是提供了一个凝聚族人的精神园地，构筑了一个以孔府为核心的集体，实质上是对圣人之道的再教育。"人性如丝，必择所染"，"染于苍则苍，染于黄则黄，所入者变，其色亦变，五入必，而已则为五色矣！故染不可不慎也!"[1]有什么样的环境和教育，就造就什么样的人。孟母三迁，便是最好的实证。孔府选择的谱局职员，无论是孔府族长、提领林庙监修官，还是户头户举，无一不是老成持重、心地明白、德高望重、族众表率者。正如英国学者菲尔丁所说："典范比教育更快，更能强烈地铭刻在人们心里。"全国孔氏族人在谱局这个集体内活动，思想、心理、情感、行为势必会受到谱局人员的高尚情操、优秀事迹的熏陶和孔府文化的影响、制约。这是一种上对下的影响，激发孔氏族人的内在动力，通过模仿，使其成善，最终达到圣人之道的精神境界。

二、生命意识：家族认同的教化形塑

整个修谱仪式中，需要举行开馆礼和谱成礼。

（一）开馆礼

谱馆于一九三〇年夏历十月初十日告庙开馆，全国各地族人派代表前来参加。孔氏宗子衍圣公孔德成首先到家庙、崇圣祠、报本堂告祭。告文曰：

> 维
> 民国十九年（1930年）岁次庚午十月甲戌朔越十日
> 癸未
> 七十七代孙袭封衍圣公德成等敢昭告于

---

[1] 李小龙译注：《墨子》，中华书局2007年版，第15页。

始祖（妣考）　　二代族（妣考）　　三代族（妣考）
四十三代（妣考）

神位前。曰："甲子之年，已逾三次，我族之谱皆欲合修，谨同族众涓以令辰，开馆编誊以叙支派。敢具牲牷用申虔告。"[1]

仪式在诗礼堂举行。年仅十岁的孔德成身着古代祭祀礼服，率领全族长老、族众之执事者，朝北面跪举行告祭礼。族长孔传堉朝西面宣读修谱誓词："迺者祇遵祖训。凡我宗族执事人等，毋便己私，毋徇情面，毋存疑致滥，毋挟怨生嫌，各宜清白乃心，恪供厥事。逾此盟者，宗族所不齿名，教所不容，祖宗弃之，无克有嗣。"[2]族长读罢将誓词放在香案上，回到班列中。宗子率众人行三跪九叩大礼，然后众人又依次向宗子作揖行礼。仪式完毕后，孔府在大堂设宴招待族人。另有他事者，在谱馆进行商讨。

（二）谱成礼

历经七个春秋，到 1937 年才完成本次修谱工作。此时，孔德成已就任"大成至圣先师奉祀官"，出现了一些新式的礼节。谱成仪式先在家庙、崇圣祠、报本堂举行。将一部新修的庙谱

---

〔1〕　孔德成总裁：《孔子世家谱》（一），山东友谊书社 1990 年版，"卷首·修谱事宜"。

〔2〕　孔德成总裁：《孔子世家谱》（一），山东友谊书社 1990 年版，"卷首·修谱事宜"。

放置在香案中间，其他支谱放于诗礼堂。孔德成先率领族众在家庙、崇圣祠、报本堂举行告庙礼。告文曰：

> 维
>
> 民国二十　　年　　　　月　朔越日
>
> 七十七代孙奉祀官德成等敢昭告于
>
> 始祖（妣考）　　二代族（妣考）　　三代族（妣考）
>
> 四十三代（妣考）
>
> 神位前。曰："荷神之庥，新谱告成。敢具牲牷用申虔告。"[1]

然后到诗礼堂，朝北面鞠躬四拜。执事者捧家谱一部授予宗子孔德成，宗子跪授。族众在宗子身后依次敬跪。宗子接过家谱后，族众又依次向德成作揖行礼。提调敛集家谱，封贮本函，藏于家庙、崇圣祠、报本堂中。谱成仪式当天会张灯结彩，鸣放鞭炮，吹奏乐器，并在大堂设宴，大肆庆贺一番，以酬谢谱馆执事人员、曾为修谱效力的族人及作坊工匠。谱成仪式结束后，宗子并和族人代表合影留念（如图5-1所示）。

图 5-1　1930 年全国孔氏合修族谱告庙礼成[1]

祭礼中的程序安排与告文内容，即表明了修谱祭礼举行的全部意义。

祭礼包括上香、读祝文、献酒、献太牢三牲、献族谱、焚祝文、行叩拜礼、发谱、焚旧谱等。告文，是祝文的一种文体。[2]祝文是古代祭祀神鬼或祖先的文辞，也称"祝辞"。许慎《说文解字》："祝，祭主赞词也。"郑玄为《礼记·礼运》中"修其祝嘏，以降上神与其祖先"的作注云："祝，祝为主人飨神辞也。"也就是说，祝是主人向神或祖先祈求庇佑、福气之文。孔府祭

---

〔1〕 至圣孔子基金会：《天下第一家谱修纂 八岁宗主担纲总裁》，载 http://www. kongjia. org/web/gzjb/20180515/1392. html。

〔2〕 （明）徐师曾：《文章辨体序说 文体明辨序说》，罗根泽校点，人民文学出版社 1962 年版，第 155~156 页。

祀名目繁多，主要分祭孔庙、家祠和孔墓。尽管祭祀规格与仪式不一而足，但祝文必不可少。从正式修谱到修谱顺利结束，献酒、献太牢三牲、读祝文虔告祖先，这一切不会使任何人改变地位，甚至不会有任何既得利益的重新分配。然而这并不能导致孔府族人去按部就班地走完形式。修谱祭礼举行对孔府族人来说是"真正的"想象意义上的"现实"。作为一次程式、一种所指、一个隐喻，修谱祭礼是一个表达的工具。无论是这一套安排相当紧凑的祭礼程序，还是告文内容，自带有一种庄重感。庄重在这一场祭礼中，是以纯洁的心灵告慰先祖、敬拜先祖。"天地者，生之本也；先祖者，类之本也；君师者，治之本也。"[1]清雍正元年（1723年），第一次以国家的名义确定"天地君亲师"的次序。[2]自此，"天地君亲师"成为全国广泛流行的奉祀对象。不得不说，"天地君亲师"是儒家祭祀最多的对象。祭祀祖先，应和天、地、君、师一样认真地顶礼膜拜。因为祖先和祭祀者具有血缘关系，是最亲近的。修谱中的祭祀环节——上香，祭太牢三牲，行三叩九拜大礼，敬跪授谱，祝文中的"敢具牲牷用申虔告"——如此虔诚，实际上展现了孔府族人的一个心结——祖先的"在天之灵"时时刻刻地在关心和注视着后代，尘世之人通过祭祀来报答这种祖先的庇佑。

莫尼卡·威尔逊（Monica Wilson）说："仪式能够在最深的

---

〔1〕 高长山译注：《荀子译注》，黑龙江人民出版社2003年版，第363页。

〔2〕 徐梓：《"天地君亲师"源流考》，载《北京师范大学学报（社会科学版）》2006年第2期，第104页。

层次揭示价值之所在……人们在仪式中所要表达出来的，是他们最为之感动的东西，而正因为表达是寓于传统和形式的，所以仪式所揭示的实际上是一个群体的价值。"[1]尽管修谱告庙祭礼作为一种仪式行为呈现，但绝不是例行公事、走马观花的一套形式。在修谱告庙祭礼这一特定语境中，象征符号是一种主动的意义赋予，所表达的"真正的"想象意义上的"现实"，绝不能简单地认为是告慰先祖，而是将祖先与后代联结起来，将后代与文化性格联结起来，又将文化性格与修谱告庙祭礼联结起来——总之，它给孔府带来一个能够教化的经验世界，塑造和强化了孔氏族人对圣人之道的教育信仰。换句话说，修谱祭礼表达了具有生命内涵的教化气息，沟通了天人、心物、人际关系。一系列虔诚而又有条不紊的祭礼程序的设计，解释的正是孔府族人对处事所持有的态度，或更抽象地说，那就是他们的文化性格。首先，祭礼在家庙、崇圣祠、报本堂中告祭，朝北面鞠躬四拜、举行告祭礼，意在祭祀祖先、转告神灵，沟通了天人关系。其次，誓言"逾此盟者……祖宗弃之，无克有嗣"，并要求谨遵祖训。尽管誓词严厉，但也只是真诚规劝族人——善待族谱，永结同心，这实际上实现了心物一体。最后，宗子跪授族谱，族众向宗子作揖行礼。在接受族谱的那一刻，就是对受谱人的一种身份确认，实现了家族对其身份和角色的认同，通过仪式后，便是家族内的正式一员，最终获得家族归

---

〔1〕［英］维克多·特纳：《仪式过程：结构与反结构》，黄剑波、柳博赟译，中国人民大学出版社2006年版，第6页。

属感。天人、心物、人际关系的实现，反映的是修谱告庙祭礼中的一系列象征符号与人的生命的紧密相连。这种象征意义流露出的是深刻的儒家伦理，对祖先的敬重，对祖先的感激，也就是儒家所秉持的"仁""孝"之观念。在修谱祭礼这一文化结构中，孔府族人是与祖宗心灵纯洁的沟通，体验的是具有生命气息的教化，传递和交流的是共同信息，实现二者之间的精神沟通和意义共享。修谱告庙祭礼的崇奉显示的一种特征，就是这样的一种精神信仰。究其本质，即"仁""孝"观念。修谱告庙祭礼的功能并不是强化孔府族人地位之间的差距——如同功能主义学派认为的一样，而是获得情境化的生命教育、家族认同教育与归属感心理的完形。

小　结

孟子说："君子之泽，五世而斩。"[1]即使是繁荣兴盛的家族，经过几代，也会因各种不测的因素而家道中落。孔氏家族，作为天下第一大家族，历经二千五百余年而辉煌如昔，世代相传，苗裔四布。之所以如此，只因其始祖是圣人。孔子，不仅是全国上下孔氏族人的共同祖先，而且更是孔氏族人追求圣人之道的文化符号。一如梦和谜般的文化符号，驱动着孔氏族人对孔府一如既往地向往、追寻和崇拜。毫无疑问，民国《孔子世家谱》撰修仪式又再一次用实际行动证明了这样的宣言：流

---

〔1〕 杨伯峻译注：《孟子译注》（上册），中华书局1960年版，第193页。

淌着共同的圣人血脉即是收宗聚族的根本保障。孔府一经发出修谱格册填名的通知，全国各地便很快地将信息反馈给孔府。显而易见，撰修家谱已是全族人默认的共识，而且能将全部孔氏族人立刻卷入到撰修家谱的事务中。尤其对于直接参与修谱仪式的带有近似于朝圣的心理的族人来说，在那种仪式的氛围中，更能激发学圣人之道的求知欲和信念。

第六章
仪式程序（下）：圣人之道的
教化传承

　　民国《孔子世家谱》撰修仪式作为一个象征符号群，背后隐藏着教育意义的表达及孔氏家族教育文化观念结构。民国《孔子世家谱》撰修仪式作为一个象征符号群，象征符号中所蕴含的家族文化、儒家文化及精神心理等层面的观念结构对孔氏族人的教化具有重要意义。即民国《孔子世家谱》撰修仪式的运行，意味着教化过程的发生。教化过程的网络在这一文化行为场景中生成，在教育者、受教育者以及教育中介系统三者之间交互作用，并不断进行自我调适，最终生产出教化产品（如家谱、辈分系统等）和塑造着精神心理。黄平和李太平从生成性过程观出发，指出教育过程作为一种复杂性系统，是由教育要素、教育环境、教育要素建构生成的各种复杂关系的群集。其组织中心是教育目标，具体表现在教育事件，根本属性由教育目标与教育手段的性质及其关系决定。[1]对教化过程考察，需要诉诸、回归教育本身，以此深入到仪式过程这一教育场域中。

　　───────────

　　〔1〕　黄平、李太平：《教育过程的界定及其生成特性的诠释》，载《教育研究》2013 年第 7 期。

在结构功能主义视野观照下，可将仪式的教化过程分为教育目标、教育方式、教育内容、教育理想四个教育要素加以审视。

在民国《孔子世家谱》撰修仪式中，存在着两类主体：施礼者，即指主持修谱仪式的人；观礼者，指参与修谱仪式的其他孔府族人。叶澜指出："决定谁是教育者，谁是受教育者的关键是个人在教育活动中所处的地位和承担的任务，不是个人的年龄、性别和职位。"[1]也就是说，尽管教育者和受教育者承担的任务不同，但都是教育活动的承担者，都处于主体地位。在两类主体中，"施礼者"通过主持家谱修缮仪式的进行，设定象征符号的用法规范，赋予仪式以一定的文化规定性，以期对人们施加特定的教育影响，因此，是文化传承中的教育者；"观礼者"在修谱仪式过程中接受并理解象征符号体现的意义，是受教育者。需要指出的是，尽管"施礼者""观礼者"同是教育的主体，同是孔氏族人，但由于所处的文化生态环境不同，并在教育活动中承担着不同的任务，所以对仪式意义的理解是不同的，受到的教育也是不同的。因而，有必要分开加以讨论。

第一节　成志道和弘道之人的教育目标

一、"施礼者"的角色

一次隆重的孔德成出生场面，就可以清晰地展示出衍圣公

---

〔1〕　叶澜：《教育概论》，人民教育出版社 2006 年版，第 14 页。

对孔府来说所承载的重大意义。孔德成的出世是孔氏家族最为关注的大事，牵动着无数族人的心。因第七十六代孔令贻生前只有两个女儿，尚无子嗣。若再无子嗣，衍圣公的袭封者便要从同族近支中选出。孔令贻病重之际，对此耿耿于怀，故上大总统徐世昌和清逊帝各一遗呈，安排世职承袭事宜，"令贻年近五旬，尚无子嗣，幸今年侧室王氏怀孕，现已五月有余。倘可生男，自当嗣为衍圣公，以符定例。如若生女，再当由族众共同酌议相当承继之人，以重祭祀。但令贻病已至此，恐不能待。"[1]

尽管孔令贻已在遗呈写明王氏已怀孕五月，倘若生男即继承衍圣公封号。但事关重大，内务部要求孔府开具一系列关于王氏确已怀孕的证明，呈报省长公署、京兆尹公署等转部备案，对于遗呈方可批准。孔府人员积极配合，写了很多证明，证明王氏确实怀孕：

> 衍圣公府家人赵庆出具的证明说："原具呈人衍圣公府家人赵庆（年三十八岁，山东历城县人，住太仆寺街门牌号衍圣公府）。呈为呈报事……家主现无子嗣，惟庶主母王氏怀妊五月，奉家主遗嘱，如庶主母生男即以承袭衍圣公，生女令由合族选择相当承继之人，承袭衍圣公等。因除家主遗呈径呈大总统处，理合遵照《崇圣典例》第一条之规定，并取具在京同乡荐任官切结。呈请钧署鉴核转呈内务

---

[1] 《孔府档案》，孔府档案研究中心藏，档案号 6590。

部备案。谨呈京兆尹公署。"

孔府族长孔兴环出具的证明说："呈为呈请事……其侧室王宝翠确系怀孕五月有余，自应由兴环合同邻佑出结证明，事关圣祖宗祀，理应格外慎重，兹复延请中医、德医详加诊察，咸称实系怀孕，并无其他病症，当由兴环同出具证书，分呈备案，再拟俟其临产时邀集宗子近支各女眷前往监护，以杜流言，理合备具甘结二份，实为德便。谨呈京兆尹公署。"

孔氏族人孔祥棣、孔令煦、孔令煜、孔令侯、孔德冈出具的甘结说："具甘结人孔祥棣、孔令煦、煜、侯、孔德冈今于甘结事，今结得已故衍圣公之侧室王氏确有遗腹，怀孕五月有余，委无别项情弊，所具甘结是实。"

中医刘先生出具的证明说："今诊得已故衍圣公之侧室王氏左脉右脉确系孕象，现已五月有余，委无其他病症，所具证书是实。"[1]

此外，曲阜的周公后裔、颜子后裔等人也出具了证明。[2]甚至邻佑东野颜某某也出具了证明，"……已故衍圣公之侧室王氏确系怀孕五月有余……"[3]尽管大总统已核准备案，"王氏

---

〔1〕《孔府档案·故七十六代衍圣公孔令贻遗腹子德成诞生经过情形》，孔府档案研究中心藏。

〔2〕 孟继新：《孔子家史》，远方出版社2003年版，第388页。

〔3〕 孔德懋：《孔府内宅轶事——孔子后裔的回忆》，天津人民出版社1982年版，第80页。

遗腹"确定无疑。但随后生男生女的问题，引发了孔府族人的争嗣大战。曲阜大宗户、汶上户、菏泽户、南宗户纷纷登场，甚至扬言要将王氏母女赶出孔府。在这段艰难的日子里，陶氏"整天烧香磕头，祈祷许愿"，盼望王氏生男孩。[1]

正月初四，王氏在堂楼临产。为防意外，北洋政府特意成立了由内务部官员、山东各级军政要员和颜、曾、孟三氏奉祀官及孔府本家长辈老太太组成的"监产委员会"，[2]并由一个将军在孔府内宅坐镇，派遣军队在孔府内外到处设岗，保卫产房。为迎接"小圣人"，陶氏命人将孔府所有门户层层打开，甚至最庄重的重光门——只有孔府大典、迎接圣旨或进行重大祭祀活动时，才会在十三响礼炮声中徐徐开启——也破例打开，并且门上悬挂了弓箭。偏巧王氏难产，这时有门人说内宅后面的后花园地势高，压着前面，必须将前面的地势抬高，小公爷才好出来。于是陶氏命人把写着"鲁班高八丈"的大木牌挂在堂楼的角门上，孔德成才就此出生。[3]

孔德成一出生，全曲阜城即刻沸腾起来。"城内鸣礼炮十二响，全城鞭炮声不断，孔府更是张灯结彩，喜气洋洋，派人四

---

〔1〕 孔德懋：《孔府内宅轶事——孔子后裔的回忆》，天津人民出版社 1982 年版，第 80 页。

〔2〕 李鹏程、王厚香：《天下第一家——孔子家族的历史变迁》，经济日报出版社 2004 年版，第 198~199 页。

〔3〕 孔德懋：《孔府内宅轶事——孔子后裔的回忆》，天津人民出版社 1982 年版，第 81 页。

处通报，还派人沿街敲鼓，高喊'小公爷诞生啰！'"[1]与此同时，孔府族长呈报给大总统、国务总理、内务总长，为"小公爷"申请承袭衍圣公爵位，电文称："……王氏遗腹，已于二月二十三日，即夏历正月初四日巳时产一男，大小咸安……曲阜衍圣公府二月二十三日"[2]。孔府也收到了来自全国各地的贺电。四月二十日大总统发布命令任命孔德成为衍圣公："民国九年（1920年）四月二十日大总统令：孔德成袭封为衍圣公。"[3]

修谱仪式必须由宗子衍圣公孔德成主持。宗子衍圣公具有一种向心力，可谓是孔府家族凝聚的驱动力。这首先是历史的层面造就的。自汉武帝推行"罢黜百家、独尊儒术"后，儒家思想成为中国两千多年来封建时期的治国思想。随着历代对孔子的重视，孔子后裔也深受优渥，恩荣有加。[4]直到北宋仁宗至和二年（1055年），孔子第四十六代孙孔宗愿改封为"衍圣公"。[5]自此，"衍圣公"称号一直延续到1935年，南京国民政府改封孔德成为"大成至圣先师奉祀官"，历时近千年。"衍

---

〔1〕 李鹏程、王厚香：《天下第一家——孔子家族的历史变迁》，经济日报出版社2004年版，第199页。

〔2〕 《孔府档案》，孔府档案研究中心藏，档案号6591。

〔3〕 《孔府档案》，孔府档案研究中心藏，档案号6591。

〔4〕 如汉平帝元始元年，封孔子第十六代孙孔均为"褒成侯"（孔继汾撰：《阙里文献考》"世爵职官·卷一八"，北京大学图书馆藏）；魏晋南北朝时期，孔子后裔封号名目繁多，计有奉圣亭侯、崇圣侯、褒圣侯、绍圣侯等多种（李景明、宫云维：《历代孔子嫡裔衍圣公传》，齐鲁书社1993年版，第152~160页）。

〔5〕 孔继汾撰：《阙里文献考》"卷一八·世爵职官"，北京大学图书馆藏。

圣"之意，既是衍续孔圣人的高贵血统，也是衍续几千年的儒家文化传统。因此，衍圣公是孔子的血缘延续和儒家思想的文化象征，更是孔府的精神支柱和权力象征。

二、作为弘道标识存在的"施礼者"

衍圣公是孔氏家族的最高统治者，是全族的表率。孔德成能不能成为孔子所追求的"君子"，是全族人共同殷切期望的。即使他天生就带有孔子嫡长孙的荣耀光环，但自幼就要受到严格的家学教育。孔德成在后来谈及读书时，无不感慨地说：

> "一个人自幼即成长于那样的环境，当然格外容易养成骄纵的脾性。尤其在求学一事上，然而我读书却半点儿错不得、松懈不得。我幼时念书不完全似现在的方法，背书乃天经地义，背不下来是要挨打的。老师拿戒尺打手心，痛彻心扉。……我童年受教育的生涯比一般人更严格。如今回想，年事愈长，有时仍能熟记些已念过的书，实在是受惠于幼时严格的教育所赐。此外，亲友、长辈对于我，如果发现错误的地方，也时加训诫，母亲绝不袒护。我的家庭教育，就算与当时旧社会并论，也称得上是严格的。"[1]

从这一则回忆录中，我们可以看出孔德成幼时的教育极为

---

〔1〕 孔德成：《庭训与师道》，载《联合报》1986 年 9 月 28 日。

严格。下面，再来看一下孔德成的具体家学情况，以便可以亲身感受孔氏家族对衍圣公教育的重视程度。

孔德成与大姐孔德齐、二姐孔德懋都是从五岁开始进入家学读书。家学不是"四氏学"，也不是旧式私塾，更不是新式学校，而是孔府单设学屋，专门教育这姐弟三人的。学屋正中间供着孔子神位和老师用的一张大书桌，靠窗前放着三张小书桌、小椅子。教师都是经过陶老夫人和本家们商议许久才决定聘请的名儒翰林，主要有吕、王、庄三位先生。课程开设了四书五经、七弦琴、数学和英语，后来又增加了地理和历史。〔1〕孔德成稍大后，除学经书外，还增添了旧制中学的全部课程。〔2〕另外，孔府也极为讲究书法这一传统课程，姐弟三人每天也需要花大量时间练习写字。当时，向孔德成求字的人便络绎不绝。几十年以后，孔德懋回到曲阜，"看到文物商店还出售我的父亲孔令贻和小弟德成的墨迹，据说在仓库里还保存着我当年写的对联"〔3〕。孔德成的书法造诣之高由此可见一斑。

尽管作为家学存在，藏息安排却井然有序、张弛有度。孔德成每天早晨起床洗漱后，就到书房"读早书"。读到九点钟，与老师共进早餐。早餐后继续读书，直至中午。午饭后，又回来读书。下午五六点钟回去吃晚饭。在冬天，晚饭后，还要继

---

〔1〕　孔德懋：《孔府内宅轶事——孔子后裔的回忆》，天津人民出版社1982年版，第119页。

〔2〕《曲阜文史》（第3辑），政协曲阜县委员会文史资料研究委员会1984年编印，第29页。

〔3〕　孔德懋：《孔府内宅轶事——孔子后裔的回忆》，天津人民出版社1982年版，第120页。

续上"灯学",直到睡觉;夏天则没有"灯学"。[1]《七十七代衍圣公孔德成青年时期读书日记》中也能体现孔德成一天学习紧张的生活:

> 民国二十二年（1933 年）
>
> 二月二十三日，星期五
>
> 早七时起，盥漱毕，受《礼记》一号，自"孔子曰"至"燕则养首"，九时记日记，用早点，写小字六行，受《左传》一号，自"有穷后羿灭之"至"遂弗视"。温《诗·大雅·常武》一篇，《礼·郊特牲》三张。十二时下学，午饭后一时至校，写大字三张，对联一付，受《左传》一号，自"贾辛将适其县"至"女遂不言不笑夫"，受《文选·报孙会宗书》一号。温《左传》"僖公十六年"三张，《下孟》三张，《鲁论·里仁》一篇。五时下学，晚饭受《说文》一小时，八时记典，十时寝。是日微阴，寒暑表六十四度。
>
> 民国二十三年（1934 年）
>
> 三月二十日，星期二
>
> 早七时起，盥洗毕，受《礼记》一号，自"君子有三患"至"士丧礼于是乎书"。九时用早点，写小字六行。受《左传》一号，自"子常曰"至"荀跞为之言于晋侯"。温《诗·大雅·烝民》一篇，《礼器》二张。十二时下学。午

---

〔1〕 柯兰:《千年孔府的最后一代》，天津教育出版社 1999 年版，第 97 页。

饭后一时到校，写大字三张，中堂一幅，温《过秦论》三号，受《地理·美国》半课。又温《左传》"僖公十年"至"十二年"四张，《下孟》三张，《论语·八佾》半篇。五时半下学。八时半记日记、集典，十时寝。是日阴，大风。寒暑表四十度。[1]

老师对休假标准也有严格的规定。上学时不准接待客人；放学接待客人时也必须征得老师同意，但不能多耽误时间。家学里没有星期天，老师规定一个月有三个休息天。以日历书上的建、瞒、平、收、闭、破、成、开、定、执等字为序，每逢"成"日是休息日，但却不大执行。祭孔、清明、端午、中秋的日子可以不上课。过年时休息几天，年后由老师查黄历确定上课时间。

孔德成"礼"方面的教育，对孔府来说，也是一件头等大事。作为孔氏家族的象征，孔德成需要成为"富而好礼"的人。因而，从日常生活到待人接物，都有一整套基本伦理道德规范。"孔氏家儿不识骂"，全族上下都不许孔德成打人骂人。"在他很小的时候打过一下人，四十员的本家长辈商议后，请老师用戒尺罚他（也就是象征性地打两下），后来再也没犯过。"[2]在应对方面，孔德成说："我们家用人虽不算少，但是小孩子对待用

---

〔1〕 骆承烈、朱福平、骆明：《孔府档案选》，中国文史出版社 2002 年版，第 178~179 页。

〔2〕 孔德懋：《孔府内宅轶事——孔子后裔的回忆》，天津人民出版社 1982 年版，第 115 页。

人不准呼来喝去，请他们做事，必定要非常有礼貌。如果小孩子有不礼貌的行为，老人家看到了，一定严予训责，不可存有主仆的观念。因此，我们家内的小孩子从幼年起，无论饮食、衣着、应对、待人，均须有礼。"[1]

这种独特的精心规划的教育方式——"受的庭训、教育，都是忠以事上、孝以事亲、诚以待人、敬业律己的"[2]，再加上孔德成"读起书来却很用功、并不贪玩"[3]，使得少年时期的孔德成就表现得非同一般。

"其身正，不令而行；其身不正，虽令不从。"[4]一身儒者风范的孔德成，饱受庭训教育，参与到族谱撰修仪式中来。民国《孔子世家谱》撰修仪式的整个运行过程是宗子通过符号将其所拥有的家族文化体认、生命感知、仪式理解、行为规范等传播给"观礼者"。《学会生存》中将交流知识的媒介分为口头语言、书面文字和视觉形象。从符号的传播媒介来说，民国《孔子世家谱》撰修仪式的象征符号可以划分为口头语言、书面文字和视觉形象三种形式。恩斯特·卡西尔（Ernst Cassirer）说："符号包括以任何形式通过感觉来显示意义的全部现象，在这些现象中某种可以感觉的东西就是意义的体现者。"[5]这就意味着，符号不仅是一种可感知的形式，而且承载某种意义结构。

---

〔1〕 孔德成：《庭训与师道》，载《联合报》1986 年 9 月 28 日。
〔2〕 孔德成：《庭训与师道》，载《联合报》1986 年 9 月 28 日。
〔3〕 柯兰：《千年孔府的最后一代》，天津教育出版社 1999 年版，第 97 页。
〔4〕 杨伯峻译注：《论语译注》（简体字本），中华书局 2006 年版，第 152 页。
〔5〕 ［德］恩斯特·卡西尔：《人论》，甘阳译，上海译文出版社 1985 年版，第 33 页。

在民国《孔子世家谱》撰修仪式中，整场仪式是以宗子为媒介来完成的，宗子显然成为决定仪式成败的关键。无论从历史上固化下来的地位来看，还是从宗子的内在文化品性来看，宗子在这场仪式中，象征着指挥棒一样的职能，成为家族凝聚的向心力来源。因此，宗子通过语言和行为上的指导，为"施礼者"提供了一种视觉和听觉上的信息传递，从而引导"施礼者"更好地进入族谱撰修仪式的所有环节。

第二节　观察学习的教育方式

"观礼者"既然作为受教育者，那么必然就是学习的主体，进行教育主体间的交流活动。这种交流可以是简单的机械模仿、口耳相传，也可以是语言讲授、行为示范。在整个民国《孔子世家谱》修缮仪式中，成立谱局、撰修族谱、告庙礼仪等一系列象征符号体系具有直观动作性和视觉形象性。因而，"观礼者"在这行为场景中主要运用行为示范[1]的方式去体验、实践、履行文化符号的概念结构。

社会学习理论重视观察或模仿，认为人具备使用符号、通过语言和非语言形式获取信息以及自我调控的能力，人获得行为的更普遍的方式是观察学习。"观察学习是在（个体）接触示

---

[1]　"行为方式"是指，文化传承的主体或传承者在文化传承过程中用自己的行动和行为去体验文化、实践文化、传播文化、传授文化、履行某种文化所赋予的文化使命。参见刘正发：《凉山彝族家支文化传承的教育人类学研究》，中央民族大学出版社 2007 年版。

范事件的过程中……通过认知加工而发生的学习现象。"[1]观察学习作为人类的一种认知能力,能够使人类快速、有效地学会复杂的行为模式。

班杜拉(Albert Bandura)认为,"直接经验的最好学习方式就是观察学习,它可以通过行为造成的正负结果来进行"[2],把观察学习称作"通过示范进行的学习"。"观察学习的核心是示范,观察之所以产生学习,是通过观察者对在观察活动中所获得有关示范行为的信息进行认知加工,从而形成示范行为的符号表征。这些表征以心像的形式或语义的形式被编码,并储存于记忆之中,在适当的条件刺激下,就成为观察者表现这一行为的内部指南。"[3]他指出,靠直接经验行为的任何学习,只要通过观察榜样示范就能够进行。只要学习者观察到他人在一定条件下表现出的行为,就能学会这种行为,学习者可以不直接进行反应,也可以不亲自体验直接强化。

仪式中的整体程序的安排、每个人行为模式的设计,都是在特定的行为场景之下产生的。民国《孔子世家谱》撰修仪式的意义不在于赋予"施礼者"和"观礼者"某种特权、地位——整个族谱撰修仪式中,孔氏族人并未获得任何实质性的

〔1〕 [美] A. 班杜拉:《思想和行动的社会基础——社会认知论》(上册),林颖等译,华东师范大学出版社 2001 年版,第 76 页。

〔2〕 周国韬、元龙河:《班杜拉的社会学习理论再探》,载《教育评论》1989年第 2 期。

〔3〕 高申春:《人性辉煌之路:班杜拉的社会学习理论》,湖北教育出版社2000 年版,第 136 页。

权利和地位的变化——而是着意于圣人之道的膜拜与学习。

"根据班杜拉的社会学习理论，通过示范进行的学习使'一个人通过观察别人知道了新的行为应该怎样做，这一被编码的信息在后来起着引导行为的作用。'观察学习可以分为四个子过程：①注意过程。学习者首先要注意到榜样的行为、获取有关的信息。②保持过程。用言语和形象两种形式把所获得的信息转换成适当的表象保存起来。③运动再现过程。把记忆中的表象转换成行为，并根据其反馈调节行为以做出正确的反应。④激发动机过程。通过强化来激发和维持行为。"[1]在民国《孔子世家谱》撰修仪式中，"观礼者"通过观察，对所获取的信息进行认知加工，将成立谱局、撰修族谱、告庙礼仪等一系列象征符号体系与仪式的社会文化生态环境的信息转换成符号表征，并留存于记忆中。在未来的社会行为中，"观礼者"有可能产生心理上的共鸣，激活这些记忆，表现出孔氏家族的文化特质——圣人之道。在孔氏家族观念中，始祖孔子是神圣的，始祖崇拜及其儒家文化深植于孔氏家族的日常生活中。同时，成立谱局、撰修族谱、告庙礼仪等一系列象征符号体系赋予民国《孔子世家谱》撰修仪式以特定的意义结构。也就是说，始祖崇拜及其儒家文化与族谱撰修仪式这个象征符号群产生了有意义的联结，这就为"观礼者"主动理解和建构民国《孔子世家谱》撰修仪式的概念结构提供了可能性和必要性。

---

〔1〕　周国韬、元龙河：《班杜拉的社会学习理论再探》，载《教育评论》1989年第 2 期。

教育是一种特殊的社会文化现象，是一种培养人的社会实践活动。教育过程，归根结底，"是一种文化传播的过程"，"是通过人际交往、文学艺术形式和影视作品来传授和传播文化内容的"。[1]作为文化变迁的重要机制之一的文化传播，是将一个文化中的文化要素、结构、体系传播至他文化中，引起他文化的互动、整合。"观礼者"通过对民国《孔子世家谱》撰修仪式的意义体系的理解而受到教育。按照族规，参加过族谱撰修仪式，就可以成为孔氏家族的一个成员。这种荣耀、神圣性是孔氏族人获得角色认同的动力，催动着自身能够早日成为更具有孔氏家族文化特质的人。这种动力不只是孔府文化系统和价值观念的外显形式，更是对个体行为的一种激励和约束。特别是经历过《孔子世家谱》撰修仪式后，孔氏族人通过观察学习，内化着象征符号蕴涵的教育文化观念结构——圣人之道。这种观念结构在仪式中早已为孔氏族人融化在血液里，体现在行动中。个体接受文化特质的同时，随着文化濡化也自然深化，最终生成的感受经验——圣人之道将反作用于个体并影响个体后续的文化事件，并使圣人之道潜移默化地次第相传下去。直到1998年再次撰修《孔子世家谱》时，家谱续修人员发现多数孔子后裔对祖上遗训及孔子思想始终倍加尊崇，一直延续着古老家族的传统。"如在台湾地区发现的后裔严格遵守祖先规矩，设立祠堂，供奉孔子像，家家大门上都贴着很大的'孔'字，并挂

---

〔1〕　刘正发：《试论文化传播论对教育的启示》，载《西北民族大学学报（哲学社会科学版）》2007年第2期。

有'鲁国堂'牌子，体现了不忘先祖和无法割断的亲情。"[1]而修谱更是强化孔氏家族成员的这种意识。

第三节　联结生命的教育内容

中国历史浩浩荡荡几千年，形成了中国独特的生命观。赵卫东便从儒家的孝道是中国人的信仰基础、五伦是中国人的存在方式、五常是中国人的价值标准、中庸是中国人的人生态度等四个方面，深刻地论证了儒家文化是中国人的生命底色。[2]"天地万物之理，无独必有对。皆自然而然，非有安排也。"[3]中国人倾向于天地万物是自然而然生成的观念，生命也是自然而然生成的。因此，"生"可视为儒家生命伦理学的伦理总纲、本体范畴和根本精神，儒家生命伦理"从根本精神而言，可以视之为一种关于'生'的伦理。儒家以'生'为纲，而言'命'，而言'性'"[4]。儒家借助一套特有的概念体系完整、系统地表述了"生命"的内涵，"是以'生'作为本体范畴或其伦理总纲，以天人关系为逻辑起点，通过天人共'生'的运

---

〔1〕《"第一家谱"续修记〈孔子世家谱〉即将开刷》，载 http://cul. sohu. com/20081013/n259989198. shtml。

〔2〕赵卫东：《儒家文化与中国人的生命底色》，载《孔子研究》2019 年第 3 期。

〔3〕（宋）程颢、程颐：《二程集》（第 1 册），王孝鱼点校，中华书局 1981 年版，第 121 页。

〔4〕张舜清：《略论儒家生命伦理精神及其理论渊源——以"生"为视角》，载《伦理学研究》2010 年第 6 期。

思模式来探讨生命的意义、价值及其实现方式和准则的。其中，'天''命''性''道'诸概念从纵贯的角度逻辑地构成了它的形上结构体系，'仁''礼''和''时'诸概念则从横向的角度构成了它的实践方式"[1]。中国文化尤为重视群体性的、连续性的、联结性的生命。群体性的生命就是家族，连续性的生命就是后代繁衍，联结性的生命就是家族文化、精神特征，就是"阴阳"。所谓"一阴一阳之谓道，继之者善也，成之者性也"，"生生之谓易"。[2]

民国《孔子世家谱》撰修时，根据孔德威的回忆，"那时候，孔氏宗族维系还相对紧密，孔府一声令下，各地资料很快就汇总上来"[3]。在当时，孔府与全国各地孔氏族人的联系是频繁的。全国各地孔氏族人也派代表前来曲阜参加[4]，广泛参与，密切配合孔府的各项修谱工作。湖北省枝江县洋溪张宝元宝号便积极收转了孔氏族人的信件：

　　湖北枝江县洋溪镇义顺和和转交关埫孔北陔先生。

　　迳复者：接阅来函，足见宗台情殷救世，志切匡时。

　　内中尤以"人心陷溺，非提倡旧道德，不能维持社会安宁；

---

〔1〕　张舜清：《儒家生命伦理的原则及其实践方式——以"生"为视角》，载《哲学动态》2011年第10期。

〔2〕　周振甫译注：《周易译注》，中华书局1991年版，第235页。

〔3〕　王海丞：《孔氏族谱：历代官方支持的"天下第一家"修谱记》，载http://www.feng0762.com/thread-11816-1-1.html。

〔4〕　孔德懋：《孔府内宅轶事——孔子后裔的回忆》，天津人民出版社1982年版，第23页。

非恢复旧宗法，不能发扬民族精神"二语，实为鞭辟入里，洞彻本原之论。此次合修族谱，即本斯意。现在东省在野名流，业经联名呈请政府，修复祀典，在曲族人并有孔氏联合会之提议。本届大成节较往年亦有起色。或者圣道晦而复明之机，其即以此为矫矢乎。寄来之谱，已交该管股，按次叙编。知念并陈。此复。

（族长）孔长栻

壬申（1932 年）仲秋[1]

孔氏族人的广泛参与和修谱的热情还可以从捐款中得到明显的体现。族谱撰修不仅是一项全族性事务，而且工程浩繁，尤其是资金方面。《孔子世家谱》撰修仪式所需要的经费来源和其他家族一样，都是向全国各地孔氏族人募捐而来。据 1930 年修谱募捐的账本记载，以六十户为例，捐款情况统计如表 6-1 所示：

表 6-1 六十户捐款统计[2]

户 名	捐款数
大宗户	二百八十二圆六角
临沂户	六十六圆
孟村户	一百二十六圆
道沟户	五十六圆

---

[1]《孔府档案》，孔府档案研究中心藏，档案号 8266。

[2] 根据孔德成总裁的《孔子世家谱》"卷首·六十户捐输并户头户举题名"整理。

户　名	捐款数
滕阳户	二百一十六圆
旧县户	一百零八圆
终吉户	一百七十二圆
蔡庄户	七十三圆
戴庄户	五十七圆
栗园户	四十九圆
时庄户	四十九圆
泗北户	七十二圆
店北户	八十三圆
西郭户	十圆
仙源户	二十九圆
泉南户	十一圆
齐王户	七十一圆
盛果户	四十四圆
苗孔户	五十三圆
文献户	七圆
沂北户	六十七圆
簧门户	三十六圆
时存户	二十八圆
鲁贤户	二十圆
沂阳户	二十九圆
孔村户	七十圆
王堂户	八圆

续表

户　名	捐款数
小庄户	十五圆
公端户	十三圆
华店户	一百六十九圆
古城户	四十五圆
冈山户	二十三圆
鲁城户	二百四十四圆
孔屯户	四十三圆
西城户	十一圆
旧城户	三十圆
吕官户	二百零九圆
林前户	四十一圆
防西户	五十一圆
林门户	四十八圆
官庄户	九十六圆
大薛户	十五圆
广文户	八十一圆
小薛户	四十九圆
陶乐户	六十七圆
北公户	四十五圆
纸坊户	十九圆
董庄户	十一圆
防上户	二十七圆
高庄户	二十八圆

续表

户　名	捐款数
南公户	十一圆
星村户	三十三圆
古柳户	八圆
吴孙户	四十一圆
东村户	六圆
磨庄户	二十七圆
张曲户	四十七圆
息陬户	一百三十一圆
西林户	五十一圆
林西户	五十二圆

六十户及六十户所属者共捐款三千六百八十二圆六角。[1]除六十户外，全国各地各支、派也积极进行了捐款，共计四千八百二十四圆一角[2]。各户、支、派捐款少则一圆，多则上百。从个人捐款来看，曾在山西任军长、山东当厅长的滕县孔繁霨捐了五百圆。[3]因各户、支、派自身经济能力不同，故捐款数量多寡不同。从捐款情况看，尽管修谱捐款完全采用自愿性原则，但各户、支、派都参与了捐款活动。这表明孔氏族人

---

〔1〕　孔德成总裁：《孔子世家谱》（一），山东友谊书社 1990 年版，"卷首·六十户捐输并户头户举题名"。

〔2〕　孔德成总裁：《孔子世家谱》（一），山东友谊书社 1990 年版，"卷首·各支派捐输并各地族人代表题名"。

〔3〕　孔德成总裁：《孔子世家谱》（一），山东友谊书社 1990 年版，"卷首·各支派捐输并各地族人代表题名"。

对撰修族谱是饱含极大热情的，同舟共济、人人参与。修谱既然是全族活动，那么就需要举合族之力。族谱撰修本身是神圣事宜，也是孔氏族人义不容辞的神圣责任。撰修族谱是为了尊祖报恩，捐款捐物出力实际上就是奉献、义举、在做功德，以感谢祖先赐予我们富有的文化和智慧的生命。同时，孔府为了激励全族成员积极捐款，也为了崇宗敬祖考虑，设置了诱导性机制，即规定"此次修谱各处族人有捐款至五百元者，给全谱一部，并将其名题于卷首，不没其尊祖敬宗，注重族谱之意"〔1〕。其实钱不在多，只为祖宗尽一份孝心，为后代尽一份爱心。

　　所以说，族谱撰修是一次穿越时间、空间、地点的盛大家族聚会，是对生命的回归，建构的是以生命为核心的教育情境。首先是与祖宗心灵的沟通与告慰。中国人信仰"灵魂不灭"，认为人的死亡不是生命的终结，只是对肉体的抛弃，精神因素并没有死。活人存在阳间，死后会到达另一个灵魂存在的世界——阴间。因此，在中国人观念里，生命的意义，不仅是为自己活着，而且要光宗耀祖，为子孙后世积阴德，以告慰祖宗。民国《孔子世家谱》撰修仪式，成立谱局、族谱刊刻、告庙礼仪等象征符号群的系统化安排，精心设计，力求不差毫厘，正是对祖宗最好的回报、对祖宗负责的体现。其次是联络家族成员的桥梁，回归家族，着陆到生命的最终归属地。民国《孔子世家谱》是一部与时间、空间、地点并存际会的生命史，里面

----

〔1〕　孔德成总裁：《孔子世家谱》（一），山东友谊书社 1990 年版，"卷首·修谱事宜"。

的姓氏源流、世系表、家谱图像，记录的是祖先的名字与生命故事，象征着后世繁衍生息，绵绵不绝。翻开族谱，就是和祖先互动交流，以详世系、联亲疏，是孔氏族人的根系所在。无谱不成家。家族无谱，就像浮萍一样随风沉浮。回归家谱，就是回归家族，维系生命的血脉——一片最安详的生命的最后栖息地。这从孔德墉的一份记录中就可得到更切身的感受。"有一次，山西昔阳县一群孔姓人找到孔德墉，拿出族谱，让他查查自己是'真孔'还是'假孔'，《孔子世家谱》续修工作协会编辑部将他们的谱与民国谱对照，发现该支源自唐末第四十一代孔邈，证实他们确为孔子后裔，大家抱头痛哭。"[1]

民国《孔子世家谱》是孔氏家族世系的文字记录，是孔氏家族起源、发展的印记。一部家谱，就是一部正统的可靠的血统蓝本。祖先的筚路蓝缕，祖先的辉煌成就，以文本的方式，通过血脉，一脉相传，谱写了一部以家族为基本单位的叙事长诗。归根结底，无论是世系表、宗派图，还是家谱小传，都是祖先的一部心血史，对生命进行的最为深刻的体悟和实践。

清顺治十二年（1655 年）《（湖南）八甲湾吴氏谱》"序"中有言："夫族之有谱，所以序昭穆，考世系，以成千秋不朽之言也。"[2]撰修家谱的基本或现实教育目的是求生存、求发展、求家族持续兴旺，终极或理想教育目的是成己、成人、齐家。

---

〔1〕 孔德墉：《修谱维系血脉 孔府千年梦想》，载 http://www. 100jiapu.com/newsview. php？id=87。

〔2〕《吴姓家谱，吴姓族谱介绍》，载 https://wu1. zupu. cn/xinwen/17508. jhtml。

作为民国《孔子世家谱》撰修仪式象征符号之一的族谱小传，尽管可以细分为封爵恩荫、承续家学、著作等身、博而好学、立学兴教、功名仕进、为政有为、事亲至孝、隐居不仕、贞夫烈妇等几个部分，但从家族文化特质或家族精神气质来说，无非就是从"仁"和"礼"两个方面对孔氏族人作出的规范、要求和期待，目的在于修心与持家。"仁"起到了沟通和衔接的作用，"在儒家那里，从天道到人道，以人道践天道，是一个回环的双向路径，而衔接和贯通天道与人道的即是'仁'"[1]。"克己复礼为仁。一日克己复礼，天下归仁焉。为仁由己，而由人乎哉?"[2]"仁"就是对人的生命的珍视和关爱，源于天性，深植人心，表达的是人天生具有的善性。"礼，上下之纪，天地之经纬也，民之所以生也，是以先王尚之。故人之能自曲直以赴礼者，谓之成人。大，不亦宜乎?"[3]"礼"是外在社会行为规范，一种客观化的生活规则，为人们寻找一种恰到好处的生活方式，"礼之用，和为贵"[4]。儒家对"仁""礼"概念所作的一系列诠释，构建了一套具体的生命伦理实践方式。[5]越是在寂寞、空虚、无聊、绝望、危险的情境中，越能对族谱撰修

---

〔1〕 张舜清:《儒家生命伦理的原则及其实践方式——以"生"为视角》，载《哲学动态》2011年第10期。

〔2〕 杨伯峻译注:《论语译注》（简体字本），中华书局2006年版，第138页。

〔3〕 杨伯峻编著:《春秋左传注》（第4册·昭公定公哀公），中华书局1981年版，第1457页。

〔4〕 杨伯峻译注:《论语译注》（简体字本），中华书局2006年版，第8页。

〔5〕 张舜清:《儒家生命伦理的原则及其实践方式——以"生"为视角》，载《哲学动态》2011年第10期。

仪式这一象征符号群进行深刻阐释，得到一致的理解。换句话说，对族谱撰修仪式这一象征符号群进行阐释，存在着一个既定的文化事实和教育事实。那就是孔氏族人都会以"仁"和"礼"作为核心的教育内容，并且在"仁"和"礼"的内外制度规范下，在凝聚着祖先心血的族谱中，来理解、实践独属于孔氏家族的文化性的生命。然而，追求文化性的生命教育目的永远没有完成时，只有进行时。生命有限既是变量，也是动量。它运用个体有限的生命去追寻历史的、跨越时空的、文化的生命，是一项未尽的、没有终点的教育文化事业。然而它似梦似谜一般的存在，正是我们孜孜不倦地探求生命教育魅力的不竭动力所在。

因而，在民国《孔子世家谱》撰修仪式中，"观礼者"以修谱条规、族谱小传、成立谱局、刊刻族谱、告庙礼仪等一系列象征符号为载体，将民国《孔子世家谱》撰修仪式与人的生命紧密相连，不仅是对族谱撰修仪式所蕴含的丰富的家族文化特质的传承和教育，更是对象征符号群所体现的深层次的意义模式——文化性的生命教育的信仰、追求与体悟。实质上，民国《孔子世家谱》撰修仪式所要建构和塑造的教育群体心理就是对文化性的生命的珍爱与坚守，体悟和实践文化性的生命教育的生成意义。

第四节　家族认同的教育理想

"我是谁？我从哪里来？我到哪里去？"这三个由西方人提

出的哲学终极性问题，在中国，或许从族谱中便可以轻易寻找到答案。族谱，是一部家族的生命史，不仅记录着家族迁徙的轨迹，而且包罗着家族繁衍、文化、族规、家风等历史文化的全过程，可以追本溯源、定位自身。

"教育在感受历史与当代及未来的张力的同时，也同时在实现两个功能：一是把握历史进入现代的各种方式，二是通过对历史的阐释建立起这些历史方式对现代人自我定义的意义联系。"[1]无可置疑，孔氏家族是一个历史悠久的家族，通过修谱，将家族的起源、迁徙、繁衍、文化、家风及一些重要的历史片段真实地记录下来，并世代延续下来。一次族谱的撰修仪式，既表现了族谱与儒家文化、族谱与孔氏族人深层文化心理的强有力的对应性，也使孔氏族人在日常生活世界里寻根问本、怀念祖先得以可能，进而塑造个体的价值观念和道德品质。撰修族谱，就是孔氏族人自己书写的历史记忆文本，以圣人的气质、儒家的文化特质建构了孔氏族人的历史记忆，这本身就是一种家族认同意识的表现。

格尔茨认为族群是人类自古以来已经存在的自然现象，"原生性归属主要是指产生于'先赋的'——更准确一点儿说，因为文化不可避免地涉入这些事务中，所以它也是'先赋的'——社会存在，密切的直接关系和亲属关联。此外，先赋性还指出生于特定宗教群团中，讲特定的语言乃至某种语言并遵从特定的社会习俗，等等。在血缘、语言、习俗等方面的一

---

〔1〕　冯增俊：《教育人类学》，江苏教育出版社 2001 年版，第 139 页。

致，在人们看来对于他们的内聚性具有不可言状，有时且是压倒一切的力量。根据事实，每个人都系属于自己的亲属、邻居、教友。结果，这种归属感不仅是出于个人情爱、实践需要、共同利益或应承担的义务，而且在很大程度上是出于保持这种纽带本身的某种不可言喻的绝对重要性，这种原生纽带的普遍维系力，以及其重要类型的序列，随着每个个人的不同、社会的不同和时代的不同而不同。但从实际看，基本上每一个个人、每一个社会和几乎每一个时代的某种归属感都源于某种自然的——有些人会说是精神上的——亲近感，而不是源于社会互动。"〔1〕族群认同以亲属关系、共同的语言、超自然的信仰、某种群体起源的叙事以及神圣的归属感为基础。并且，对于族群成员来说，这种原生性的纽带和情感是根深蒂固的。〔2〕换句话说，族群认同主要来自先赋或者普遍性的情感维系力，以此获得认同感和归属感。并且，这样的普遍性的情感维系力来源于亲属关联的某种自然属性——既定天赋、精神气质等。个体在族群中获得了既定的一致的血缘、语言、习俗，因此他与族群其他人员由于这种普遍性的情感维系力凝聚在一起。

"此种历史记忆常以'历史'的形式出现在一社会中，……此种历史常强调一民族、族群或社会群体的根基性情感联系，

---

〔1〕 ［美］克利福德·格尔兹：《文化的解释》，纳日碧力戈等译，王铭铭校，上海人民出版社 1999 年版，第 295 页。

〔2〕 陈雪英：《西江苗族"换装"礼仪——教育人类学诠释》，重庆大学出版社 2011 年版，第 131 页。

因此我也曾称之为'根基历史'。"[1]一群人共同起源的根基历史，以共同的血缘传承关系凝聚着一个人群。"'历史记忆'或'根基历史'中最重要的一部分，便是此'历史'的起始部分，也就是群体的共同'起源历史'。'起源'的历史记忆，模仿或强化成员同出于一母体的同胞手足之情，这是一个民族或族群根基性情感产生的基础，它们以神话、传说或被视为学术的'历史'与'考古'论述等形式流传。"[2]而且，"不只是告诉我们有关'过去'的知识；它们透露'当代'社会人群的认同体系与权力关系。更重要的是，透过人们的口述历史记忆，我们可以从各种边缘的、被忽略的'历史记忆'中，了解我们所相信的'历史'的本质及其形成过程。"[3]换句话说，"历史记忆是一个族群根基性情感的具体表达方式之一，是族群成员获得归属感的重要源泉之一"[4]。

民国《孔子世家谱》撰修仪式通过成立谱局、撰修族谱、告庙礼仪等一系列象征符号体系的"能指"和"所指"之间的特定"意指"过程，实现了孔氏家族教育文化特质的传承，维持了教育文化特质的一贯性。同时，它在共同的家族历史记忆

---

[1] 王明珂：《历史事实、历史记忆与历史心性》，载《历史研究》2001年第5期。

[2] 王明珂：《历史事实、历史记忆与历史心性》，载《历史研究》2001年第5期。

[3] 王明珂：《历史事实、历史记忆与历史心性》，载《历史研究》2001年第5期。

[4] 陈雪英：《西江苗族"换装"礼仪——教育人类学诠释》，重庆大学出版社2011年版，第136页。

中将孔氏家族成员凝聚在一起，使他们意识到彼此血脉相连、荣辱与共，从而获得家族认同感与归属感。

孔氏家族是一种由人身关系建立起来的亲族组织，其核心组织系统是由血缘关系构成的，"是一种在文化上定义的，建立在血缘纽带或婚姻基础上的亲属关系"〔1〕。这种血缘关系和亲属关系是族群认同的最高准则，因此，通过族谱撰修意识形成的家族共同体意识是以血缘认同为核心的。〔2〕祖先崇拜就是血缘认同的一种典型的表达方式。张诗亚指出："由于有了共同的图腾和灵物崇拜，便自然有了共同遵守的习惯和禁忌，共同的祖先与传统，共同的道德与价值观，共同的行为规范和行为方式。可见，图腾及灵物崇拜作为一种教育方式，在增强民族的向心力、凝聚力以及培育民族集体意识等方面具有多么重要的作用。可以说，这种作为民族象征物的东西所具有的教育作用，是其他形式所无法替代的。"〔3〕在此基础上，张诗亚进一步认为在文化生态系统中，教育的一个重要功能，就是培养民族的凝聚力与人们的集体意识。成立谱局、撰修族谱、告庙礼仪等一系列象征符号体系体现着有形的、可用于感知的概念结构——尊宗敬祖、崇拜祖先的深层意义，通过祖先崇拜来塑造族群共同的心理素质和文化特质——圣人之道，进而确定孔氏家族成

---

〔1〕 龙怡凡：《南丹县民间故事集》，广西人民出版社1994年版，第380页。

〔2〕 邓桦：《仪式中的教育过程——云南文山蓝靛瑶"度戒"仪式的教育人类学分析》，人民出版社2014年版，第105页。

〔3〕 张诗亚：《西南民族教育文化溯源》，上海教育出版社1994年版，第42页。

员对自身家族归属的身份认同，划分内孔、外孔之间的界限。当孔氏族人说到"我是孔氏后裔"时，就蕴含着历史的、社会的、文化的、心理的、血缘的身份认同因子，是在共同的历史归属感基础上建立起来的认同和归属意识。这种家族认同和归属意识是孔氏族人与生俱来的自然属性，因为祖先崇拜是原生性的。祖先崇拜，不仅是家族成员对共同起源的确认，更是对血缘关系、家族文化的认同与维护。因而，祖先崇拜，维系着血缘关系的传承和存在。也只有在以血缘为基础的认同上，孔氏家族才会带有谜一般的深刻的根植感、连带感和一体感，孔氏族人才会形成一如既往的忠实感、荣耀感和虔诚感，从而产生了以社会属性为特征的家族认同感与心理认同感，才形塑了以血缘为基础的生命共同体。

小 结

《孔子世家谱》撰修仪式所蕴含的教育观念结构证明了家族教化传承的有效性。从家族教育看，尤其是从圣人之道作为民国《孔子世家谱》撰修仪式沿袭至今的核心意义的地位来看，其中必定存有不可替代的优势。

（1）陶冶性优势。在传统农耕时代，家庭作为最基本的社会单位，是家庭文化、家风、家教乃至民风、民俗的重要传播场所，是族人最初的教育场所，通过潜移默化的方式传播家族文化、圣人之道、塑造着孔氏族人的心灵和人格。

（2）情感性优势。以血缘为纽带和以圣人为依托的家族教育建立在情感的基础上，孔府族人比较容易通过互动形成相对一致的传统儒家教育文化观念。

（3）终身性优势。圣人之道的学习是一个生命体悟的历程，是一项长期过程，不但需要长期讲述和摸索，更需要长期地体验、领悟和实践。因而，《孔子世家谱》撰修仪式可给予孔府族人终身的指导。

第七章

仪式"密码"：修谱仪式、
家族文化与教育基因

　　修谱仪式空间内化着圣人之道的教育气息，是孔氏家族教育文化特质的浓缩。仪式空间以建筑的形式，将孔氏家族教育文化特质固化并保存下来。并且孔氏家族成员身处报本堂、家庙、崇圣祠、诗礼堂中时，会形成建筑性的教育文化记忆内容。修谱仪式内容为圣人之道提供了教育的鲜活素材。民国《孔子世家谱》撰修仪式首先在于统合宗族世系，而且孔氏家族每一户、支、派至少拥有一部族谱。也就是说，这本家族教科书的受用对象必将面向合族成员。仪式内容作为圣人之道教育语言的外在表现形式，为孔氏家族成员提供了统一教育话语体系。修谱仪式程序具有一般仪式意义上的程式性特征。成立谱局、族谱刊刻与发放、告庙典礼这一系列象征符号，都是由历史上延承下来的，并且重复性地表演和刻画着。无论是"施礼者"，还是"观礼者"，都从事着这一套可操作可重复的程序范本。在民国《孔子世家谱》撰修仪式行为场景中，千百年来，孔氏家族成员始终遵守着这一程序，表明了孔氏家族成员在仪式中早已获得一套行为规范。从行为上解释，它更是一种教育行动。也就是说，民国《孔子世家谱》撰修仪式程序确立了一套以礼仪、风俗为核心的教育行动的规范，而且伴有着浓厚的圣人之道的教育文化气息。

"文化既然是表演的文件，那它就像谐摹的眨眼示意或模拟抢劫羊群一样，具有公共的性质。虽说文化是观念性的，但它并不是存在于人的头脑中；虽说它是非物质性的，但也并不是超自然的存在。"[1]针对民国《孔子世家谱》撰修仪式，我们将这一文化模式看成符号行动，仪式空间、仪式内容、仪式程序视为符号行动的象征机制（象征符号群），我们所要解释的并不是仪式空间、仪式内容、仪式程序的本体地位如何，而是其中的意义结构是什么。显而易见的是，仪式空间、仪式内容、仪式程序是对圣人之道的表述，是对孔氏家族教育文化特质群的素描和特写。

然而，它作为一种仪式行为、一次文化表演、一个文化模式，远远不止在于孔氏家族教育文化特质群上的浅描。民国《孔子世家谱》撰修仪式汇集了诸多象征符号群，它们构成了仪式的最小单位，贯穿于整个仪式举行的过程中，形成一个复杂的文化模式。这些象征符号群具有自身独立的象征性，但又不是零散的、无关联的集合，而是一种有序组合。孔氏族人正是通过这一系列的象征符号群共同组成整体的象征系统，共同虚拟出一个有意义的符号世界。民国《孔子世家谱》撰修仪式提供了孔氏家族经验话语流，将"所说过的"陈述出来。这个家

---

〔1〕［美］克利福德·格尔兹：《文化的解释》，纳日碧力戈等译，王铭铭校，上海人民出版社1999年版，第11页。

族经验话语流至少是对教育文化记忆内容，统一教育话语体系，以礼仪、风俗为核心的教育内容规范的理解和表述。民国《孔子世家谱》撰修仪式将这些意义结构以可供阅读的术语的形式固定和整合下来，并最终形成一个孔氏家族成员得以理解、接受、支持、配合的核心概念结构。

"一如梦的符号，宗教符号亦拥有相当丰富的多义性（也就是说，拥有多重意义），它们的意指性也散布于四面八方。"[1] "象征符号很像'文化'，它用来指称形形色色的事物，往往是同时指称多种。"[2] 一如一切象征符号，民国《孔子世家谱》撰修仪式符号也具有多重所指。民国《孔子世家谱》撰修仪式是由象征符号群构成实证内容的文化活动，是符号形式的建构、理解与利用。正如前述，民国《孔子世家谱》撰修仪式的文化结构是由仪式空间、仪式内容、仪式程序三大象征符号体系构成的。三大象征符号体系表述着具有主流性的孔氏家族教育文化话语流。在民国《孔子世家谱》撰修仪式的主流性话语流背后，且实际上推动孔氏家族修谱仪式经久不息地举行的背后，潜含着这三大象征符号群观念结构的固定联合。这一固定联合的概念就是民国《孔子世家谱》撰修仪式的深层次意义结构——教育基因。

---

〔1〕　[美] 克利福德·格尔兹：《尼加拉：十九世纪巴厘剧场国家》，赵丙祥译，王铭铭校，上海人民出版社 1999 年版，第 125 页。

〔2〕　[美] 克利福德·格尔兹：《文化的解释》，纳日碧力戈等译，王铭铭校，上海人民出版社 1999 年版，第 105 页。

第一节　修谱仪式的教育基因：建构生命共同体

一、修谱仪式教育基因的完形

民国《孔子世家谱》撰修仪式是一种文化现象或文化符号，作为文化系统的民国《孔子世家谱》撰修仪式，可以理解为一系列的象征符号群。就象征符号群而言，文化系统的民国《孔子世家谱》撰修仪式又以文化模式的形式存在，为族谱撰修仪式提供了一个"模型"。这个"模型"具有头等意义的一般特征是外在信息源。"我所说的'信息源'的意思仅在于，他们像基因一样提供蓝本或模板，根据这个蓝本或模板，外在于它们的那些过程可以得到一个确定的形式。如同一个 DNA 链上的碱基排序形成一个编码程序，形成一套指令或处方，用来合成具有复杂结构的蛋白质，这个过程决定了器官功能。同样，文化模式为塑造公共行为的社会过程与心理过程的制度，也提供了类似的程序。"[1]很明显，这句话至少告诉我们两点重要信息：①人类的文化系统中确实存在着"外在信息源"，并且像生物学中的基因一样，它为社会过程和心理过程提供蓝本或模板。②此处的"外在信息源"就是我们谈到的教育文化基因。从作为文化体系的民国《孔子世家谱》撰修仪式来看，族谱撰修仪

---

〔1〕　［美］克利福德·格尔兹：《文化的解释》，纳日碧力戈等译，王铭铭校，上海人民出版社 1999 年版，第 107 页。

式本身为族谱撰修活动提供了一整套可重复的可操作的程式。
这种程式在历次修谱中得以运行，并不断扩充、更新。然而，
这套程式只是外化的，还只是一个确定的固定的形式，是一种
操作技能的习得与实践。《孔子世家谱》撰修仪式是一场一直延
续的文化活动，之所以生生不息，其中必然还蕴含着更深层次
的意义结构，存在着仪式密码。这个仪式密码的魅力极为强大，
是促进文化传统延续的动力和观念系统，以至于可以得到孔氏
家族合族成员迅速的响应和热情的支持。不言而喻，这个仪式
密码确实如生物学的基因一样，为孔氏家族成员、为《孔子世
家谱》撰修仪式提供了一个可理解的历史性的文化性的生命性
的蓝本或模板。而且这个蓝本或模板不仅支持着《孔子世家谱》
撰修仪式的持续进行，而且塑造着孔氏家族成员在文化系统、
社会系统、心理系统等方面的行为、结构、精神的特质。

民国《孔子世家谱》撰修仪式作为孔氏家族由一系列象征
符号群建构的一系列的文化活动和生命符号，以极其入微的信
息单元形式植入到孔氏家族这一庞根大树之上。根据吴秋林的
文化基因理论，我们若要探究民国《孔子世家谱》撰修仪式的
教育密码或教育基因，有必要对民国《孔子世家谱》撰修仪式
的节点、支点及衍生点进行一番审视。

如果把民国《孔子世家谱》撰修仪式看作一棵枝繁叶茂的
大树，那么树干就是节点；地上和地下都有很多枝节，就是支
点；枝节又会衍生出很多分权，就是衍生点。节点附着在一定
的"信仰块"之上，通过这些"信仰块"来发展。"信仰块"

是人类文化基因中最关键的部分，有什么样的"信仰块"，就有什么样的文化类型。民国《孔子世家谱》撰修仪式的意义结构与孔氏家族文化、儒家思想文化体系具有一贯性。

从根源上说，我国原始传统文化奠基于生殖崇拜、图腾崇拜、祖先崇拜，并且具有浓厚的血缘认同的原始宗教色彩，这恰恰是我国传统文化和传统伦理道德价值观念体系建立的深厚根源。图腾崇拜、祖先崇拜作为一种社会心理存在，举行仪式是必然的过程和路径，这样的表达方式与"信仰块"建立初始时的信仰形式的确立直接相关。在人们确立某种信仰本体之后，就会通过一定的仪式来表达。我们有理由相信，在这个"信仰块"的建立过程中，信仰本体的确立是一个重要内容，并且认同心理（诸如血缘认同、文化认同、生命认同等）正是深植于人类最为初始的信仰本体的确立中。信仰本体的确立，又形成了另外一个支点，即人类文化类型发展的文化基因。

中国传统文化有五千年的悠久历史。它在漫长而曲折的历史长流中传承下来，具有顽强的生命力。而这顽强的生命力，正得力于中国传统文化所具有的"和而不同、包容互鉴、多元共生"的鲜明特征。自三皇五帝时期，便开始注重天地万物的最大和谐，和实生物，是天下万国大和。"克明俊德，以亲九族，九族既睦，平章百姓，百姓昭明，协和万邦，黎民于变时雍。"[1]"乾道变化，各正性命，保合太和，乃利贞。首出庶

---

〔1〕（清）孙星衍撰：《尚书今古文注疏》（上），陈抗、盛冬铃点校，中华书局1986年版，第6~9页。

物，万国咸宁。"[1]蔡沈进一步注说："万邦，天下诸侯之国也。……雍，和也。此言尧推其德，自身而家，而国，而天下。"[2]春秋战国时期，提出"天下为公""天下一家"的大同主张。"大道之行也，天下为公，选贤与能，讲信修睦。……是故谋闭而不兴，盗窃乱贼而不作，故外户而不闭。是谓大同。"[3]在这样的大同世界设计框架内，并不能贸然将其简单地定性为一种臆测。而是它依据一定的民情，以教化民众。"圣人耐以天下为一家，以中国为一人者，非意之也，必知其情。"[4]孔颖达注疏云："此孔子说，圣人所能，以天下和合，共为一家，能以中国，共为一人者，向其所能致之意。"[5]荀子更加直白地揭示出："四海之内若一家，故近者不隐其能，远者不疾其劳，无幽闲隐僻之国莫不趋使而安乐之。夫是之谓人师，是王者之法也。"[6]至宋朝时，理学家张载进一步提出"天地之塞，吾其体；天地之帅，吾其性。民，吾同胞；物，吾与也。……富贵福泽，将厚吾之生也；贫贱忧戚，庸玉汝于成也。存，吾

〔1〕周振甫译注：《周易译注》，中华书局1991年版，第2页。

〔2〕（明）邱濬撰：《大学衍义补》"卷一五八·圣神功化之极（上之下）"、《摛藻堂四库全书荟要》（经部）。

〔3〕（清）孙希旦：《礼记集解》（中册），沈啸寰、王星贤点校，中华书局1989年版，第582页。

〔4〕（清）孙希旦：《礼记集解》（中册），沈啸寰、王星贤点校，中华书局1989年版，第606页。

〔5〕（清）阮元校刻：《十三经注疏》（附校勘记·下册），中华书局1980年版，"卷二十二·礼运·礼记正义"，第1422页。

〔6〕高长山译注：《荀子译注》，黑龙江人民出版社2003年版，第150页。

顺事；没，吾宁也。"[1]不言而喻，和是中华文明精髓的轴心价值。[2]中国传统文化以儒家伦理道德为核心，以文化教化为目的。儒学的文化精神特质在于尚和，生命在于传承和创新。[3]而进入社会主义新时代，习近平总书记明确指出："加强中华民族大团结，长远和根本的是增强文化认同，建设各民族共有精神家园，积极培养中华民族共同体意识。""文化认同是民族团结之根、民族团结之魂。"[4]从历史文化来看，儒学向来追求的"天下和合"，正是"人类命运共同体的价值理想观"[5]。中华优秀传统文化和中华民族共同体二者之间存在内在的历史、文化、记忆、生命、价值的认同，因此中华民族共同体的构建实质是一种文化"寻根"和文化建构。换句话说，这样的文化"寻根"，出发点在于古人对于文化共同体的精神建构与新时代对于中华民族共同体的需要之间存在着同构性。并且，从家族与国家两个层面看，在家国同构的体制下，二者是体用一源、交感互通的网络体系。也就是说，家族、家庭与国家在组织结构上完全一样。既然国是由有共同认同感的人群所建立的共同体，那么家族也必然是由具有相同血缘、具有文化认同感的族

---

〔1〕 （宋）张载：《张载集》，章锡琛点校，中华书局 1978 年版，第 62~63 页。

〔2〕 张立文：《和合生活境界论》，载《江海学刊》2018 年第 5 期。

〔3〕 参见张立文：《中国传统文化与人类命运共同体》，中国人民大学出版社 2018 年版。

〔4〕 徐德莉：《中华优秀传统文化与中华民族共同体意识》，载《光明日报》2017 年 4 月 10 日，第 15 版。

〔5〕 张立文：《和合生活境界论》，载《江海学刊》2018 年第 5 期。

群建立起来的共同体。

因此,从学理和历史两个层面考虑,在笔者看来,民国《孔子世家谱》撰修仪式所表达的教育基因就是生命共同体。生命共同体不仅综合了孔氏家族的全部文化结构内涵,而且是家族世系统合后的最为凝聚和团结的家族组织。在支点形成的某一文化类型中,还会分为许多不同的小类。衍生出不同小类的点,便是"衍生点"。在支点之下,又可能生发和升华出新的文化,"衍生点"能够使某一种文化类型构建得枝繁叶茂、硕果累累,但无论怎么样演化发展,此中的"树干"和"枝干"却已内化到文化基因结构中去,精神实质不会再产生变化。[1]

进一步说,生命共同体是经历各个历史时期的文化现象结构、文化观念结构,向孔氏家族成员的内在生理、心理结构(知、情、意、行结构和思维结构等)的内化,孔氏家族成员在自我实践和社会实践中不断吸收和同化着民国《孔子世家谱》撰修仪式所表述的教育基因,并在物化或对象化的世界里固化在头脑的观念世界中去。[2]如此看来,生命共同体的教育完形需要具备两个条件:一是生理性基因。生命共同体是民国《孔子世家谱》撰修仪式所表达的教育基因,也就是说,生命共同体作为教育基因存在,是在家族这个场域内实现的对话交流。因此,生命共同体的教育完形需要以血缘为基础。二是社会获

---

〔1〕 史连祥:《忠恕之道的生命解释》,载《人文天下》2019年第2期。
〔2〕 参见张立文:《传统学引论——中国传统文化的多维反思》,中国人民大学出版社1989年版,第37页。

得性。首先，生命共同体的教育完形有赖于孔氏家族这个微型的社会结构。其次，生命共同体的教育完形还要有一套共同的文化活动结构和文化观念结构，也就是实现全族成员的心理认同、文化认同、价值认同。只有这样，深层次的意义结构——教育基因——才可以表述在作为文化体系的民国《孔子世家谱》撰修仪式中。在此前提下，孔氏族人才能将其从作为经验整体的民国《孔子世家谱》撰修仪式中抽象出来。

二、生命共同体的生成机制

在艰难的社会处境中，孔府族人已存在明显的家族苦难意识。出于对社会问题、家族问题、人生问题的思考，在新旧文化心态交锋与选择中，开启了大规模的全国性的修谱活动，以追求生命的归宿，重塑家族认同心理，力图保全、稳固家族。因此，民国《孔子世家谱》撰修仪式举行的根源，或质言之，生命共同体的生成机制可能就在于，民国的社会结构动荡（社会互动模式）与孔府家族文化的"一贯"（文化意义体系）之间的不和谐。二者之间的断裂分层，导致了社会和文化的冲突。这种镜像映射到孔氏家族中，使孔氏家族成员产生了社会和心理的紧张感。这主要体现在两个方面。

第一，民国《孔子世家谱》撰修仪式相比其他几次撰修仪式来说，最突出的特点就在于更具有时代性和紧迫性，尤其着意于家族世系的进一步整合和对生命的呼吁、保全之策略。因为，民国《孔子世家谱》撰修仪式是面对日益紧张的社会形势而提出的孔氏家族内部的文化解说。正如前面讲述的一样，民国初建，意味着一个资产阶级性质的全新的政权成立，基本与旧时代的一切画了一个决然相对的句号，新旧观念的建构差异巨大。而且因为初建，政局跌宕，战祸连连。又有"子见南子"案对孔氏家族的冲击，实际反映着钟摆效应的复现———个时代的"尊孔"与"反孔"之间的再一次斗争。再加上孔氏家族内部也是险境重重。孔府主心骨孔令贻却溘然长逝；家族威望也今不如昔，财力不支。然而，孔氏家族一直是因儒学而存在的家族，是因儒学而荣辱的家族。凡此种种，最终导致了孔氏家族成员要不遗余力地完成《孔子世家谱》第四次大修的工作。对于这一点，在前面的一系列探究中，已充分叙述与分析，此不赘述。

第二，它所蕴含的艰深而浓重的家族使命意识，是生命共同体建构的心理本能冲动。由于家族的神圣性，孔氏家族成员具有使家族教育、文化得以更新、延续的使命意识。民国《孔子世家谱》撰修仪式叙说的是孔氏家族成员行为的经验与意义，是对孔氏家族的源流、世系、称谓、信仰、图腾、习俗、礼仪等方面的解读。因此，民国《孔子世家谱》撰修仪式的解释功能在于通过仪式将有形或无形的家族文化观念以显性的或潜移默化的方式传递给家族成员。当然，民国《孔子世家谱》撰修仪式作为一个文化符号，对于孔氏族人而言，所形成的最原始的最基本的观念结构莫过于尊祖、扬孝、寻根。寻根，意在追寻家族的根源，从根本上说，也是寻求家族文化的过程，探索自己家族的文化性格和文化特质。无论是民国《孔子世家谱》撰修仪式这一文化行为，还是族人寻根的意义结构，它们存在的基础是血缘关系。这种血缘关系尽管摸不到、看不见，但在潜意识里，总容易唤醒人们的认同感，渴望与族人紧密相连；总能建构起强有力的关系纽带，以亲情将族人编织成一个网络。这就是民国《孔子世家谱》撰修仪式所表述的孔氏嫡裔的心理经验，它的教化目的最终是重塑孔氏家族成员的心理认同感和教育文化认同感，寻回潜意识中的被隐藏的生命气息。

尽管文化符号如谜一般地存在，但由于这种互动镜像的存在，民国《孔子世家谱》撰修仪式的最终解释不过是"一个他们讲给自己听的关于他们自己的故事"〔1〕。孔氏族人将修谱仪式定格在儒家文化之内，更易获得全族人的认同，以统合家族世系，以最大限度地彰显修谱仪式的生命活力和仪式意义。这就是民国《孔子世家谱》撰修仪式的深层次意义结构，在于家族生命共同体的教育形塑。

第二节　家族教育文化圈中滋养的生命共同体

一、孔府家族教育文化圈的图像

文化圈原本是文化人类学描述文化分布的概念之一。格雷

---

〔1〕 ［美］克利福德·格尔兹：《文化的解释》，纳日碧力戈等译，王铭铭校，上海人民出版社 1999 年版，第 506 页。

布内尔（F. Grübner）在《民族学方法论》中将文化圈作为民族学研究的系统方法论，认为文化圈是一个空间范围，在这个空间内分布着一些彼此相关的文化丛或文化群。文化圈能指向更为宽阔的时间和空间领域，但并不仅限于一个地理空间范围，它在地理上不一定是连成一片的。

　　观照孔氏家族，当然不能单单只着眼于曲阜孔府。因为孔氏家族人丁兴旺，几乎已遍布全国。孔氏家族各派、支在民国撰修族谱时，除了曲阜六十户外，还有南宗派、江西新建支、四川阆中支、浙江温岭支、河南太康支、江苏吴县与范县支、广西灌阳支、河北晋县支、安徽桐城支、湖南桂东支、山西赵城县支、甘肃民勤县支、吉林依兰县支、青海克图沟支、陕西吴堡支、察哈尔赤城县支、奉天开通县支、福建闽侯县支、云南安宁县支、贵州关岭县支、湖南衡阳县支等。[1]尽管孔氏家族星罗棋布、聚落零散，但却有共同的祖宗、共同的血缘。不管分布在全国的任何一个角落，却始终凝聚着祖先认同感和血缘认同感。这从孔府一经发出修谱公告后，便立刻收齐各支、派的家谱的行为细节中就可以清晰地感受到。一本《孔氏祖训箴规》，中心思想是"尊儒崇道、好礼尚德"，集儒家思想文化之精粹，不仅塑造了全部孔氏族人的文化性格、成为孔氏族人为人处世的行动准则，而且更成为孔氏家族各户、支、派祖训家规制定的蓝本——从其他支、派的家规中，可以明显看到

―――――――――

　　〔1〕　孔德成总裁：《孔子世家谱》（一），山东友谊书社1990年版，"卷首·卷次目录"。

《孔氏祖训箴规》的身影。总而言之，孔氏族人具有共同的血缘——源于同宗、共通的教育——一贯的诗礼庭训、一套的价值观念体系——儒家思想，只是处于不同的地域。根据"文化圈"学说理论，在不同地带，如果一些文化元素一致，那么，它们便能构成一个文化圈。因此，在孔氏家族这个场域内，自然也构成了一个孔氏家族文化圈。反映在教育领域上，当然就是独特的孔氏家族教育文化圈。

孔氏家族是儒学世家，一向以儒家思想作为族人的文化地标。自然，孔氏家族教育文化圈以儒家教育文化为中心内容。孔氏家族教育文化圈明显地承续了原始儒家思想观念中重视"文、行、忠、信"与文教教育的文化特质，这主要体现在以下两个方面：

第一，家传相承。首先，一直强调的庭训教育，从孔子时代一直影响至今。对于孔氏族人来说，摆在教育第一位的始终是诗礼庭训。其次，从人才培养及其成就上说，也与儒家教育文化息息相关。著述成果大多与四书五经有关，科举及第者更是不可胜举。

第二，孔氏家族成员的文化行动与儒家教育文化理念具有强适配性。首先，在历史各个时期不乏充任儒官者。如担任太学博士、国子监祭酒、府学教授、县学教谕、书院山长、学校校长等。其次，热衷于教授生徒。如担任国子监学正、府学学正、县学训导、书院山长等。最后，广泛兴办学校。孔氏家族重视兴办教育，学校分布面广、类型多样化。从教育对象来看，可以分为孔氏书院和庙学两种。从办学主体来划分，主要有孔府学校和各支、派的私塾。具体来说，孔氏书院有广东的孔林书院、江苏的马洲书院、曲阜的洙泗书院和尼山书院、邹城的中庸书院、汶上的圣泽书院、杭州的万松书院等。关于庙学的情况，从孔府来看，曹魏黄初年间设立庙学，明成化元年（1465 年）创办三氏学，嘉靖十五年（1536 年）增扩为四氏学，到民国时候，又紧跟近代教育的潮流，兴办明德中学。全国其他各支、派的学校有衢州孔氏塾学、衢州尼山小学等。[1]

二、植根在家族教育文化圈的生命共同体

在笔者看来，生命共同体可以理解为家族中存在的，以血缘为基础，以个体对文化符号的生命体悟与实践为纽带，基于历史上世代承续的文化特质，最终形成的以生命价值、生命认知、生命规范为支点的相对稳定的家族组织形式（共同体）。更宽泛地说，生命共同体是一个共同的家族生命文化圈的形式。不难看出，生命共同体具有文化性，这是它最重要的特征。文化性体现在四个要素上：共同的文化行为，共同的文化记忆，共同的文化内容和自觉的文化认同。没有了文化，生命共同体就会逊色不少。反过来说，生命共同体的教育塑造必须植根于文化之上。

"三十年一小修、六十年一大修" 及 "三十年不修为不

---

〔1〕《孔子世家谱》续修工作协会：《〈孔子世家谱〉续修工作介绍》，载 https://max.book118.com/html/2016/0715/48318958.shtm。

孝"，《孔子世家谱》撰修仪式在孔氏家族中历来被当作全族之
大事。族谱撰修仪式，对孔氏家族成员来说，至少在心理上是
认同的，是一项全族人共同的文化行为。只有全族成员在族谱
撰修仪式上获得一定的共识，这场文化行为才会真正发动起来，
才能更直接更有效地促进生命共同体的教育完形。

　　生命共同体的教育完形有血的印记，来自家族用生命记载
下来的教育经验，是对文化事件、生命历程的痛彻心扉的心理
体验。五代时期的"孔末乱孔"，孔氏家族中的大宗户险些断
绝。清朝的撰书罹祸与乾隆修谱案，使孔氏家族对撰修家谱谈
虎色变。民国时期的"子见南子"案，进一步冲击了孔氏家族
及其儒家文化的地位。一系列的文化事件，不是人生的排练和
演绎，而都是由一个个鲜活的生命触碰、经历而来。这是一部
惨痛的家族迁徙史和生命史。无论走到哪一步，对于孔氏族人
来说，家族还需要延续，生命仍需要继续。经历的社会事件再
沉重，都将成为孔氏家族的生命教育经验。如"孔末乱孔"后，
孔氏家族更加重视真孔与伪孔的分辨，并制定了严格的入孔规
定。撰书罹祸与乾隆修谱案，促使孔氏家族成员不断完善、丰
富家规条约，防止小人入隙。"子见南子"案，更是促成民国
《孔子世家谱》撰修仪式发动的直接动因之一。而且曲阜孔氏也
随之与时俱进，在家庭教育及学校教育中增加了新式的教育内
容。这些生命教育经验的获得，初心在于保全家族。这种获得
性的生命教育文化、流传下来的历史文化记忆及社会心理体验，
为家族生命共同体的教育塑造提供了鲜活的有灵魂的直接经验

和间接经验。

　　然而，从根源上说，生命共同体的教育塑造是对家族教育文化圈的传承和继续。首先，家族教育文化圈奠定了民国《孔子世家谱》撰修仪式的基本色调，塑造了共同的文化内容和文化精神。修谱条规是对儒家道德教育思想体系的具体化、行为化的说明，中心在于阐明"仁"和"礼"的规范。族谱小传实际上是按照封爵恩荫、承续家学、著作等身、博而好学、立学兴教、功名仕进、为政有为、事亲至孝、隐居不仕、贞夫烈妇等方面为标准编写的具体内容，体现了孝悌、义善、儒贤、忠臣、恩荫、科贡、仕进、文苑、武功、隐逸、贞节等方面的"文、行、忠、信"的要求。倘若对儒家思想文化有稍微涉及的话，便不难看出，族谱小传所表述的意义结构就是彰显儒家一贯的核心的文化特质和文化精神。其次，生命共同体是基于家族教育文化圈构建的自觉的实在的文化认同。民国《孔子世家谱》撰修仪式作为一种文化行为，是由历史上延传下来的，存在着一些遗传的稳定的固有的要素，如修谱凡例、家族称谓系统、伪孔辨文、修谱条规等仪式内容，成立谱局、族谱刊刻与发放、告庙仪礼等仪式程序。这一系列稳定的可重复的具有操作性的仪式文化子结构，构成了民国《孔子世家谱》撰修仪式一个个的象征符号（体系），最终汇为一体，构成了一整套完整的仪式文化结构。这些历史上传承下来的不变的象征符号，表达的功能是孔氏家族成员形成了不言自明的观念认同和文化认同。这一点或许在仪式空间中表述得更为明显些。仪式空间——崇圣祠、家庙、报本堂、诗礼堂，也是《孔子世家谱》撰修仪式举行选择的一贯的场所。但仪式空间的选择本身不是重点，重要的是仪式空间所代表的文化内涵。崇圣祠、家庙、报本堂、诗礼堂的建筑以纪念性为主，具有明显的教育文化记忆的功能。教育文化记忆的内容大概有尊孔崇儒的历史见证、儒家思想文化的物质载体、孔府教育文化的精神缩影三个部分。崇圣祠、家庙、报本堂、诗礼堂建筑的教育文化记忆功能在于强化孔氏家族成员对儒家思想文化及教育文化的认知与习得，进而巩固孔氏后裔所具有的家族文化认同感。

涂尔干（Émile Durkheim）说："仪式首先是社会群体定期重新巩固自身的手段。"通过民国《孔子世家谱》撰修仪式的举行，孔氏族人在文化上更新了自身、获得了家族认同感。并在共同的圣人之道的教育信仰联合的基础上，在共同的仪式活动中意识到伦理道德的一致性，最终建构了以生命价值、生命认知、生命规范为支点的相对稳定的家族组织形式。总之，孔氏族人通过民国《孔子世家谱》撰修仪式将象征符号群的文化系统和社会意义进行了联结性的综合性的表述。因之，可以这样说，生命共同体的教育塑造需要以共同价值（共同的文化记忆，具有相同的文化精神特质）为导向，以礼俗、经验（即圣人之道为核心的教育内容，生命性的教育经验）为规范，以统一话语（具有共同的教育身份角色，家族文化认同教育的塑造）为中介。唯有如此，生命共同体的教育塑造才算是最终得以完形。正如前所述，生命共同体的教育塑造是民国《孔子世家谱》撰修仪式的深层次意义结构,亦即教育基因。因此可以说,生命共同体的教育塑造是对家族教育文化圈的文化涵化,家族教育文化圈对生命共同体的教育塑造进行着文化濡化。

第三节 修谱仪式教育基因的现代性考虑

一、回归生命:现代教育建构的需要

（一）现代教育建构的冲击与危机

"什么是教育",无论你是教育学学习者,还是教育学研究者,甚至已成为教育学家或教育思想学家,这都是你自己需要面临的第一个问题。"什么是教育",这个堪称基础性和根本性的问题,倘若深入考究时,也许会有"口欲言而未能之貌"的感觉,甚至是无言以对。出现这样的情况,其实反映出的关键是关于教育本质及教育目的的思考。教育本质及教育目的到底指向哪里、意味着什么,至少到目前来说,在整个教育学学科内并没有一个统一的定性和认识。

随着现代化的步伐加快,出现了人口大爆炸、经济高速发展、资源分配不均衡、核战争的潜在危机等层出不穷的问题。这些问题最终将导致心智活动的停滞发展。教育也随之面临着不断的威胁。在危机形势中,人们迫切寻找它的实质,进行着深刻的反省,开始着眼于人的生命,试图建立以生命为核心、以生命为视角的教育。雅斯贝尔斯（Karl Jaspers）即指出:"真

正的教育应先获得自身的本质。教育须有信仰，没有信仰就不成其为教育，而只是教学的技术而已。"[1]他进一步断言：现在的教育者以一种机械呆板的教育方式和教学内容来实施教育，通过这种方式来教育人，其越来越缺乏生命气息，变得晦暗不明，最终变成一些无知的和冷冰冰的肉体，教育也变为教育技术的展览品。在此基础上，雅斯贝尔斯详尽描述了现代教育的危机现状与征兆：

> 当代教育已出现下列征兆……教育一再出现的特有现象：放弃本质的教育，却去从事没完没了的教育试验、做一些不关痛痒的调查分析，把不可言说之事用不真实的话直接表述出来，并不断地更换内容和方法做种种实验。如此这般，就好像人类把好不容易争得自由，花费在无用的事物上。自由变成了空洞的自由。一个连自己都不信任的时代去关心的教育，就好似从虚无中能变出什么东西来。[2]

引用大篇幅的雅斯贝尔斯的论述，在于完整地呈现现代教育的困窘和危机的镜像。不难看出的是，雅斯贝尔斯其实是在宣称，人们忽略或者扭曲了"什么是教育"这一教育的本质问

---

〔1〕 〔德〕雅斯贝尔斯：《什么是教育》，邹进译，生活·读书·新知三联书店1991年版，第44页。

〔2〕 〔德〕雅斯贝尔斯：《什么是教育》，邹进译，生活·读书·新知三联书店1991年版，第45~46页。

题，是教育危机产生的根源。进一步说，雅斯贝尔斯思考的问题实质上是追求教育研究者与教育实践者之间的形式与内容的统一，即教育思想生成与教育实践需要之间的统一。

更进一步说，这样的困惑，源于对教育学学科话语体系的诉求。教育学就像一棵参天大树，没有了"根"，就意味着没有自留地，就无所谓生命，更无所谓灼灼其华。无论是赫尔巴特对"殖民地"的叹息，还是洛扎诺夫对"教育的黄昏"的呐喊，无疑都是在教育科学世界里又一次敲响警钟。现代教育建构的危机，在于教育学尚未存在独立的"根"，仍是从其他学科知识体系的根基中得到滋养的角色，依然没有摆脱依附的地位。

（二）生命观照：现代教育建构的一种可能

遍观古今中外教育史，教育学家总会首先着意于人性的思考。这一个古老的绕不开的话题，至今仍是永恒的具有意义的根本命题。尽管几千年来，教育家、思想家、哲学家、心理学家、科学家等对人性的认识众所纷纭，但人性的概念界定基本形成了一定的共识。人性，就是人所固有的与生俱来的类特性，是人类所独有的、区别于动物的本质属性。荀子说："不可学、不可事，而在天者，谓之性。"〔1〕《中庸》有云："天命之谓性。"也就是说，人性是人人都有的，而且人们具有相同的人性和发展潜力，正所谓"欲贵者，人之同心也"〔2〕。从另一角度

---

〔1〕 高长山译注：《荀子译注》，黑龙江人民出版社 2003 年版，第 457 页。

〔2〕 杨伯峻译注：《孟子译注》（下册），中华书局 1960 年版，第 271 页。

考虑，人性也是人的需要，这种需要包括生理需要、心理需要和社会性需要。为了满足某种需要，人们可能就会表现出或善或恶的行为。教育的职责就是发掘人的善性，引导人们的人性价值倾向，由"未完成性的"人发展到完成的人，由自然人升华为社会人，获得理性，逐渐脱离动物性的野蛮，以发扬光大人天生的善性。

C. J. 菲尔墨（Charles J. Fillmore）指出，由施事、受事、工具、受益等概念所表示的句法语义关系是由名词和动词确定的，一经确定就固定不变，不管经什么操作、在表层结构中处于什么位置、与动词形成什么语法关系。[1]从这种语义分析学角度看，教育最简明的本质就是人对人的影响。从这一角度观照教育，教育就会回到原初，回到最本真的那一原点。关注人的灵魂，谋求人的精神之根，恢复教育的信仰，这就是教育的初心、责任和任务。教育最纯粹的本质在于人对人的影响，这彰显着教育学区别于任何学科的独特性。

既然教育是人对人的影响，那么教育直面而来的、最需关怀的便是生命———一个个体具有的整体的全部的内容。正如雅斯贝尔斯所说，"所谓教育，不过是人对人的主体间灵肉交流活动（尤其是老一代对年轻一代），包括知识内容的传授、生命内涵的领悟、意志行为的规范、并通过文化传递功能，将文化遗产教给年轻一代，使他们自由地生成，并启迪其自由天性。因此教育的原则，是通过现存世界的全部文化导向人的灵魂觉醒之本源

---

〔1〕 ［美］C. J. 菲尔墨：《"格"辨》，胡明扬译，商务印书馆 2005 年版。

和根基，而不是导向由原初派生出来的东西和平庸的知识（当然，作为教育基础的能力、语言、记忆内容除外）"[1]。

建基于生命关怀的教育学，是对生命真挚的体悟和实践，是生命与生命之间的对话与交流，用生命体验生命，建构的是"生命场域"。此时，教育的目的，从个人而言，就在于保全自我，最终能成人成己、安身立命；从集体和社会来说，在于塑造生命共同体，进而实现团结、尊严、荣耀与和谐。生命教育探索者和实践者黄解放提出："教育是教育者用自己高尚的人格去叩响孩子纯洁的心灵之门，从而碰撞出智慧的火花！"[2]"教育是唤醒人的生命意识，开发人的生命潜能，激发人的生命活力，为国家培育和谐的人，为家庭营造幸福生活，为每一个孩子的高质量生命奠基！"[3]从这个角度说，回归生命的现代教育建构在一定程度上堪称一种教育艺术。艾·弗洛姆说："学会一门艺术的过程可以简单地分为两个部分：其一是理论的掌握，其二是实践的掌握。"[4]那么，生命教育者就需要首先认识和掌握教育理论、人学理论，并付诸长期的教育实践活动。一言以蔽之，回归生命的现代教育建构的基本实践方式就是爱。裴斯泰洛齐创立爱的教育理论和要素教育理论，并认为"道德教育最简单的要素是'爱'，是儿童对母亲的爱，对人们积极的爱"。

---

〔1〕 ［德］雅斯贝尔斯：《什么是教育》，邹进译，生活·读书·新知三联书店1991年版，第3页。

〔2〕 肖川：《润泽生命的教育》，北京师范大学出版社2012年版，第33页。

〔3〕 肖川：《润泽生命的教育》，北京师范大学出版社2012年版，第34页。

〔4〕 ［美］艾·弗洛姆：《爱的艺术》，李健鸣译，上海译文出版社2008年版，第4页。

"爱"是教育学对待生命的基本观念、态度和方式，教育学的价值也正体现在热爱生命、体悟生命、实践生命上。这种爱并不是站在旁观者的立场上，而是进行介入式、置身式的爱。即在教育情境中，教育者实施一种可供以理解的教育，以心育心，凝聚核聚变似的爱的力量，进入到受教育者的观念世界和情感世界中，赋予教育以生命的价值和意义。

二、教育的生命土壤：文化

教育生命性是逼近人之真性大门，在于寻求教育信仰的支点、寻回教育的本真意涵，它不再是哲学般的思辨或是心理学上的实证分析。"教育有如一条大河，而文化就是河的源头和不断注入河中的活水。"[1]教育生命性是基于文化层面生成的。没有文化，教育生命性就没有意义。

"（中华民族伟大）精神是蕴含在几千年中华民族传统文化之中的。抓住了优秀传统文化教育，就抓住了中国根、爱国情和民族精神的教育。"[2]基于文化层面生成的教育生命性，意在强调教育生命意义的重要性及其生成的动态过程。教育作为一个建构意义的活动，并且意义通过人与人的互动过程建构象征性行动。理解教育生命性，就要把教育放在原来的教育者、受教育者、教育影响的"脉络"中进行解读，这种解读需要以行

---

〔1〕 顾明远：《中国教育的文化基础》，山西教育出版社 2004 年版，"绪论"。
〔2〕 李明新：《传统文化教育就是中国根的教育》，载《中国教育报》2017 年 4 月 5 日，第 7 版。

动者为中心。也就是说，突出教育生命的文化性，意味着教育对人的主体地位的重视和对人的生命的尊重，也意味着教育活动需要对人的整个生命历程进行把握，是在生命行为中生成的。从根本上观照人，教育塑造人才会显现出终极的意义。

文化是由历史上传承下来的体现于象征符号的意义体系，面向的是纷杂乱象的象征符号的关系世界和意义世界。这种关系和意义在不断生长和生成，没有特定终点，遵循着一种循环的路径。教育就是关系和意义中的行动。"行动是此时此刻的行为。行动永远不是曾经的或将要的。曾经的是对行动的回忆，而'将要的'是'曾经的'通过现在进行的投射。"[1]既然行动是此时此刻的行为，那么教育关注的就是此时此刻的行为者的场景条件下的受教育者。受教育者是已经建立起一种特定的人与世界意义关系的人。从观照文化中的受教育者出发，才能真正体现教育生命性，真正体现"人是教育的对象""人是教育的目的"的本质性规定。"人的回归才是教育改革的真正条件。"[2]基于文化层面的生命教育，就是要回归文化、回归生命。换言之，教育生命性的建构需要顺应受教育者的固有天性，以文化性为本。只有这样，才能寻回教育的本真意涵，才能把受教育者培养成为社会行动的主体。

---

〔1〕［印］克里希那穆提：《教育就是解放心灵》，张春城、唐超权译，九州出版社 2010 年版，第 193 页。

〔2〕［德］雅斯贝尔斯：《什么是教育》，邹进译，生活·读书·新知三联书店 1991 年版，第 51 页。

三、教育需要仪式感

(一) 仪式：一种神秘的象征符号群

对于仪式的理解，可谓仁者见仁，智者见智。从语义学上讲，仪式是"一系列正式的、具有可重复模式、表达共同价值、意义和信念的活动"。从发生学来说，仪式化就是指某种类型化的、重复的姿势和姿态。从文化人类学角度看，仪式"指的是人们在不运用技术程序，而求助于对神秘物质或神秘力量的信仰的场合时的规定性正式行为"[1]。

尽管不同的学科体系对符号并没有统一明确的定义，但我们依然可以看到其中所包含的共同要素，即行为、表演和意义（观念）。仪式最初表达的是与超自然世界的交流，后来转移至日常生活中，属于世俗生活的一部分。但并非所有的世俗行为都是仪式，仪式的内涵也存在一些基本特征：①超常态性。仪式与日常生活中的衣、食、住、行等行为不同，它总要发生在特定的时间节点上。如民国《孔子世家谱》撰修仪式选择在甲子年进行，因为家族规定必须每六十年撰修一次通谱，是一种超常态行为。②程式性。S. J. 坦姆比亚（S. J. Tambiah）指出："仪式是……由一系列模式化和序列化的言语和行为组成。"[2]

---

〔1〕 ［英］维克多·特纳：《象征之林——恩登布人仪式散论》，赵玉燕、欧阳敏、徐洪峰译，商务印书馆 2006 年版，第 19 页。

〔2〕 ［英］菲奥纳·鲍伊：《宗教人类学导论》，金泽、何其敏译，中国人民大学出版社 2004 年版，第 178 页。

民国《孔子世家谱》撰修仪式是按照一定的程序来进行的，具有一定的规范。如谱局成立、族谱刊刻与发放、谱成告庙，甚至包括族谱编纂体例，都是千百年来流传下来的一套固定的范式，具有可操作性、可重复模式。③表演性。格尔茨认为仪式具有天然的表演特征。"生存世界与想象世界借助单一一组象征符号得到融合，变成同一个世界，从而在人的真实情感中制造出独特的转化。"[1]从本质上看，民国《孔子世家谱》撰修仪式就是格尔茨所称谓的"文化表演"，通过一系列象征符号呈现并传承了孔氏家族特有的教育文化观念，以象征的形式建构了具有文化规定性的生命共同体。因而，在笔者看来，仪式是具有特定意义模式的模式化和序列化的象征符号体系。根据格尔茨的理论，仪式语境中的物质、行为、事项、性质或关系都可以是仪式中的象征符号，仪式中表达意义的象征符号是合目的和合规范的。并且，仪式不仅仅是社会需要的一种回应，更是人类表达、创造、交流、分享意义的过程。

（二）仪式感：教育的新活力

"教育是文化传承的动态过程，一切教育的根本目的就是保持文化的价值，按文化的价值来培养下一代，使该文化世代运行下去。"[2]因而，文化人类学家认为，文化传播就其本质而言不仅是一个文化过程，更是一个教育过程。仪式活动则通过象

---

[1] [美]克利福德·格尔兹：《文化的解释》，纳日碧力戈等译，王铭铭校，上海人民出版社1999年版，第105页。

[2] 冯增俊：《教育人类学》，江苏教育出版社2001年版，第241页。

征符号群传播意义模式，让人们交流、体验、获取其中的知识图式和观念结构。另外，一个仪式过程必备三大要素——施礼者、受礼者和仪式中介。三大要素的矛盾运动，正是教育的开端。由此看来，作为一种文化符号的仪式，存在着教育情境的生成。这种教育情境的生成是教育的个体心理发展与教育的社会历史发展的统一，它的魅力正源于仪式感。

"夏，大也。中国有礼仪之大，故称夏；有服章之美，谓之华。华、夏一也。"[1]中国自古是崇礼尊礼之国。然而，随着现代化的生活方式节奏快，使原本已平淡无奇的生活又增添了几副重担。2010年，"中国青年报社会调查中心通过民意中国网和新浪网，对1621人（其中'80后'占48.9%，'70后'占37.0%）进行的调查显示，74.3%的人感觉国人的仪式感越来越淡漠了，15.9%的人则认为'没有淡漠'，9.8%的人觉得'不好说'。"[2]仪式感早已被习惯于急功近利的人们抛诸脑后，取而代之的是物欲横流，这似乎已是一种常态。仪式感的消失，从一方面看，实际上是面临着精神世界虚空、传统文化内涵削弱等危险的境地。这就为教育文化领域强化仪式层面的内容提供了可能性和必要性。

不容置疑的是，教育中的仪式感是不可或缺的。无论是古代的释奠礼、乡射礼，还是今天的入学仪式、升旗仪式，具有

---

〔1〕《十三经注疏》整理委员会整理：《十三经注疏·春秋左传正义》（下），北京大学出版社1999年版，第1587页。

〔2〕韩妹：《74.3%的人感觉国人仪式感淡漠》，载《中国青年报》2010年10月19日，第3版。

庄重感、参与感及紧张感,强调的是象征符号,强化的是行为上的意义,注重象征符号所体现的教育文化的观念结构。儿童文学作品《小王子》即对仪式的教化功能做了经典的注解。"小王子问:'仪式是什么?'狐狸说:'它就是使某一天与其他日子不同,使某一时刻与其他时刻不同。'"[1]教育需要引入一定的仪式程序,突出教育的情感注入,象征着承诺、荣誉、沉重、强化甚至是惩罚。也就是说,教育层面的仪式引入关注的是学生精神世界的建构。没有仪式感,就失去了精神世界的灵魂性、道德亦无所回归;没有精神世界的建构,再精彩的仪式也会黯然无味。因而,仪式关乎一个群体的精神世界。仪式中的动作"姿态"、行为"情态"、观念"心态"作为意义之网的存在,并不是纯粹的孤傲的一组观念,而是群体性格、群体文化的集中展现,具有群体的鲜明文化特质,蕴含着深层次的文化意义体系。仪式感的力量,在于对动作"姿态"、行为"情态"、观念"心态"的凝思,是一种"塑造",而不是"灌输"。面对教育情境中的仪式,会随着仪式而移情,产生一定的特殊的社会心理功效。这种从仪式中潜移默化得到的知识图式、情感体验、意志行为等,是来自对生活的渐次理解、对直面生命最刻骨铭心的体悟。教育需要仪式感的结构,最明显的就在于获得群体中的心理认同、超越性的群体精神信念建构与执着的生命火焰的追求。

---

〔1〕〔法〕圣埃克絮佩里:《小王子》,周克希译,上海译文出版社 2001 年版,第 83 页。

第八章
总结与反思

第一节　仪式与卡里斯玛

一、作为文化符号的卡里斯玛

卡里斯玛（Charisma），始见于《新约·歌林多后书》，指被无偿赋予的超凡的天赋，形容古希腊人所崇拜的神。马克斯·韦伯进一步扩大了卡里斯玛的内涵，使之建立于世俗化的基础。在韦伯看来，卡里斯玛是某种人格特质——"某些人因具有这个特质而被认为是超凡的，禀赋着超自然以及超人的，或至少是特殊的力量或品质"。也就是说，卡里斯玛既可以指一切与日常生活中的事物相对立的某种超自然的魅力，也指富有感召力的领袖人物的超凡本领。[1]

爱德华·希尔斯（Edward Shils）认为韦伯对于卡里斯玛的定义有一定的局限性，现代工业社会中的卡里斯玛更加复杂和多变，不能一概而论，将卡里斯玛引入了文化领域。卡里斯玛

---

〔1〕　胡明贵：《以"卡里斯玛"为视角："西学东渐"与近代中国文化威信衰落考察》，载《深圳大学学报（人文社会科学版）》2013 年第 4 期。

不仅指具有创造力人物的特殊才干，而且指那些与产生秩序的最神圣的源泉和接触的行为、角色、制度、符号、建筑物等。[1]希尔斯强调个人象征性价值和社会秩序中枢之间的勾连，社会中具有领导地位的理念和制度在勾连的焦点上创造出一个领域，触发了对社会成员生活影响最大的事件，进而为某人赋予了领袖魅力。"它不是群众魅力或者发明出来的疯狂表征，而是接近时势核心的标志。"[2]

格尔茨充分肯定了希尔斯对卡里斯玛概念重整的巨大价值，也将卡里斯玛概念日常化。格尔茨认为卡里斯玛蕴含于仪式和象征符号之中，是一个进入社会推动中枢的表征，这种中枢是文化现象，并且是历史性的建构。"在任何一个有复杂组织的社会政治中枢里（现在且将我们的目光焦点窄化到这里），都有一群统治菁英和一套用以表现这群人真的在遂行统治这件事实的象征形式。"[3]也就是说，卡里斯玛可以通过仪式及其象征符号表征出来，是赋予行为、制度、符号及物质的一种品质，并与权力有着密切的联系。

尽管卡里斯玛概念已经过马克斯·韦伯、希尔斯、格尔茨等学术大师的辛苦耕耘，但不得不说，它依然对指涉对象不确定（指涉的是文化现象，还是心理现象），是晦涩难懂的，还在

---

〔1〕　胡明贵：《以"卡里斯玛"为视角："西学东渐"与近代中国文化威信衰落考察》，载《深圳大学学报（人文社会科学版）》2013年第4期。

〔2〕　[美]克利福德·格尔茨：《地方知识——阐释人类学论文集》，杨德睿译，商务印书馆2016年版，第194页。

〔3〕　[美]克利福德·格尔茨：《地方知识——阐释人类学论文集》，杨德睿译，商务印书馆2016年版，第197页。

不断深化之中。简单理解时，卡里斯玛可以被视为一种神圣的文化信仰符号。它构建了值得信赖的、具有十足魅力的、极大吸附力量的场域，将伦理道德、社会心理、文化价值等象征符号观念吸附在其周围，形成强大的向心力，成为稳定社会秩序的重要精神力量。

二、民国《孔子世家谱》撰修仪式与卡里斯玛

民国《孔子世家谱》撰修仪式那一场曾经规模宏大的修谱场景，最终也将属于"一段封闭的过去"。但就人类学关注文化现象而言，"一种具有更深刻推论意义的思想远未得到理论上的阐发，这就是文化模式也可作为文本来看待"〔1〕。

行笔至此，不难看出，民国孔氏家族修谱活动是一种文化现象、文化行为、文化模式。若把民国孔氏家族修谱活动视为一次仪式看待，也是将它看作为一种文本，我们便可通过纷杂的象征符号群解释出其中蕴含的丰富的教育意义结构。实际上，民国《孔子世家谱》撰修仪式就是对孔氏家族教育文化圈的一种转化性的表述策略，通过修谱条规、功名立传、成立谱局、族谱刊刻与发放、告庙祭礼表达出来。因此，民国《孔子世家谱》撰修仪式表述的意义结构是和孔氏家族教育文化圈息息相关的，如统合家族世系、诗礼庭训的传承、孝道的守护——总而言之，就是对圣人之道的承续。对孔氏家族成员来说，参与

---

〔1〕 ［美］克利福德·格尔兹：《文化的解释》，纳日碧力戈等译，王铭铭校，上海人民出版社 1999 年版，第 507 页。

民国《孔子世家谱》撰修仪式就是一次切身体验的伦理道德教育。孔氏家族成员通过民国《孔子世家谱》撰修仪式学到孔氏家族文化的气质（在我看来，以圣人之道为核心），并塑造了自身的精神、情感及伦理道德——即"圣人之道与生命合一"的独特而核心的文化性格。而这些意义结构看似是散落在仪式中的各个角落，形成数个点。实际上在民国《孔子世家谱》撰修仪式这一文本中，文本最终将这些意义结构以集合的形式加以整合起来，这就是它本身的最高层次的目的——深层次意义结构——就是使孔氏家族的社会结构、地位、荣誉得以重新建构，孔氏家族成员以血缘的基础得以凝聚一体，获得家族认同教育和归属感——也就是前面阐释的"生命共同体"。

"先前的文化将变成一堆废墟，最后变成一堆灰烬，但精神将在灰烬的上空迂回盘旋。"[1]民国《孔子世家谱》撰修仪式是对孔氏家族教育文化特质的反观。在孔氏家族成员的经验各个层面上，尤其是在民国《孔子世家谱》撰修仪式中的一系列象征符号群上，表述出了一些文化性格——伦理纲常的重视，庭训教育的一贯，仁礼孝悌的道德规范等。民国《孔子世家谱》撰修仪式将这些文化性格加以组合，建构成系统的、完整的象征结构，以期使孔氏家族成员获得广泛的文化认同和心理认同。通过前文的具体考察，我们可以看到，在这样的象征体系中，孔氏家族成员所形成的血缘认同、文化认同和心理认同一次又

---

〔1〕〔奥〕路德维希·维特根斯坦：《文化与价值》，涂纪亮译，北京大学出版社 2012 年版，第 7 页。

一次地被清晰感知和教化塑造，并进一步凝聚和固化。

民国《孔子世家谱》撰修仪式就是一种使处于各点的孔氏家族教育文化特质得以重新整合的文化模式。这一套得以重整的文化模式，使家族认同教育能够以更为直观、更为系统、更为深刻、更有生命力的方式进行，在此基础上，最终实现生命共同体的教育完型。

《孔子世家谱》撰修仪式一次又一次举行着、迄今没有终止、一直持续着。这场仪式就如同一个文本，以一套可操作的程式重复地演练着。时过境迁。然而无论岁月如何迁移、社会如何改造，孔氏族人的卡里斯玛，均导生于一个共同的来源：即孔氏家族本身具有的天然的荣誉感和神圣性，同一祖先、同一文化带来的凝聚力。总而言之，《孔子世家谱》撰修仪式作为孔氏家族向心力的主要来源，使得孔氏族人"能够看到它自身的主体性的一个维度"〔1〕，这个"维度"正是以孔氏家族为中心建构起的生命共同体。生命共同体的正式教育完形，使孔氏家族成员获得文化、社会、心理、生命等方面的认同感，并由此牢牢地凝聚成一体。因此，孔氏族人哪怕是身处天涯海角，也都心向孔氏家族，最终回归故乡。

---

〔1〕　［美］克利福德·格尔兹：《文化的解释》，纳日碧力戈等译，王铭铭校，上海人民出版社1999年版，第509页。

第二节　修谱仪式的理解与意义

一、仪式的理解性

（一）何谓"理解"？

"理解"一词，对于很多人来说，或许早已作为一个不言自明的词汇存在。"在做教育实验的过程中，我们测试过不少校长和教师，他们都含糊其辞，'理解……就是理解，还能是什么'"。[1]所谓越熟悉越陌生，每天面对同一事物，久而久之，便会成为一种习惯、自动化行为。当处理熟悉场景信息时，人们总会选择使用习以为常的模式化认知方式。但教育教学、科学研究的素养大多源于对习焉不察的日常生活的深入探索。因而，对"理解"一词进行历史考察，就成为本研究的思考原点。

东汉许慎在其所著《说文解字》中说："理，治玉也。从王。里声。""解，判也。从刀判牛角。一曰解廌，兽也。"根据可靠的资料考察词源，发现"理"与"解"连用的情形并不多见。其词义大概存在五种：

（1）顺着脉理或条理剖析。

"庖丁之理解，郢人之鼻斲，信矣。"

---

〔1〕　邓友超：《教育解释学》，教育科学出版社2009年版，第1页。

——苏轼《众妙堂记》

（2）从道理上了解。

"未尝著书，惟口授学者，使之心通档敏念理解。"

——《宋史·儒林传三·林光朝》

（3）了解，认识。

"六合之内，固无奇不有，而此则尤难理解者矣。"

——百一居士《壶天录》卷上

（4）说理分析。

"生员於考试经古场，童生於府县覆试场，添《性理论》一篇，命题在濂、洛、关、闽书中，理解明晰，拔置前列。"

——陈康祺《郎潜纪闻》卷六

（5）见解。

"他凑合多少地方的好意思，等用得着时，就把它们编连起来，成为一种新的理解。"

——许地山《补破衣的老妇人》

"理解"的英文是"understanding"，是由词根"under"和词缀"stand"组成的复合词，基本词义是"站在某事物下面"，引申为"站在里面的，同一立场的"。英文中的"理解"意味着离它最近、对它比较了解。从《牛津高阶英汉词典》中查询可知，作为动词的"理解"有以下六种释义：

（1）了解或认识单词、语言、某人说的话等的含义。

·他的口音使他难以理解。

· 我不希望你再这样。你理解吗?

(2) 了解或认识到事情是如何发生的或为什么发生的。

· 我完全理解你作出决定的原因。

· 我理解她为什么被解雇。

(3) 去了解某人的性格和感受。

· 他根本不理解女人。

· 我们彼此理解,即使我们并不总是一致。

(4) 去思考或相信某件事是真的。

· 我能理解你的拒绝吗?

· 我理解你此刻非常想见经理的心情。

(5) 与某人达成协议而不必说出来

· 我以为大家都理解我的费用会被支付。

(6) 意识到短语或句子中的一个词没有表达出来,并在你的头脑中补充它。

· 在"我不能开车"这句话里,"汽车"这个词是可以理解的。

通过辨析以上的词义,不难发现,这些其实都属于心理学范畴的概念界定,将其视为一种思维认知活动,即个体以原有知识基础,认识事物的关联及其本质、规律。比如,认识一个专有名词;了解公式、定理;思考课文的中心思想等。正如伽达默尔(Hans-Georg Gadamer,另译为加达默尔)所说:"理解和相互理解的希腊词"Synesis"通常是出现于学习现象中的中

性语境中……"〔1〕

在哲学领域，对"理解"的解读也倾向于认识论。传统认识论认为理解是所有人类活动的一种普遍特征，不仅仅发生在智力活动或认知活动场域内，所有与人有关的活动都包含着理解。并且将视域限制在圣经文本中，为理解圣经中的某一节，就将其放置于整个圣经的语境中进行解读。浪漫哲学流派代表人物施莱尔马赫（Schleiermacher）发展出一般性的阐释理论，认为理解存在于文本阅读过程中，或从更大范围来讲，是人际交流的问题。文本中的部分意义只能在整体的语境中被理解。在施莱尔马赫看来，理解的技术既包括语法理解，也包括心理学理解，但尤为重视心理学层面的理解。

> 当我们带着这种原则考虑解释的任务时，我们必须说，我们对一个文本的每一句话和每一部分不断增长的理解，我们通过从头开始并缓慢移动所获得的理解，都是暂时性的。当我们能够把一个更大的部分看作一个连贯的整体时，理解变得更为完整。〔2〕

生命哲学流派代表人物狄尔泰（Dilthey）秉承了施莱尔马赫的观点，认为理解是阐释学的基本活动和精神科学的基本方

---

〔1〕 洪汉鼎主编：《理解与解释——诠释学经典文选》，东方出版社 2001 年版，第 511 页。

〔2〕 Richard E. Palmer, "Beyond Hermeneuties? Some Remarks on the Meaning and Scope of Hermeneuties", *University of Dayton Review*, No. 17（1984），p. 5.

法，以人的历史存在（生命）为阐释对象，是由外在感官所给予的符号而去认识内在思想的过程，只能产生于语言解释技巧与哲学能力相结合的头脑中。

　　解释从对意义不确定或确定部分的理解开始，接着试图把握整体的意义，交替进行，把这个意义作为更为清晰地界定每一部分的意图。当每一部分不能够用这种方式理解时，错误就会自我显示，这就会创造重新界定意义的需要，结果它将会注意到这些部分。这一意图一直持续到全部的意义被掌握。[1]

施莱尔马赫和狄尔泰关于理解的认识，是从文本和它所处的历史环境出发的。理解是一种心理过程、认知过程，更加关注有意义的心理内容。简言之，理解就是心理学层面的一种技术，是人们通过共同的语言用法和客观的历史环境对意识状态和过程的认识的产物。

不过，随着认识论哲学危机产生以后，对"理解"的解读也出现了本体论哲学的转向。它初创于马丁·海德格尔（Martin Heidegger）的存在主义哲学，最终完成于伽达默尔的哲学解释学。

海德格尔接受并发展了胡塞尔的视域结构和先验知识的理论，提出理解本质上是一种"存在"（being）。在海德格尔看

---

〔1〕 Friedrich Schleiermacher, *Hermeneutics: The Handwritten Manuscripts*, Missoula, MT: Scholars Press, 1977, p. 96.

来，在我们理解某一件事之前，我们本身已经具有了关于此事的前概念。理解从根本上说是一种存在的方式，一种属于人的存在方式，就是意义的解蔽或属于人的"世界"的展现。因为"在世存在"主要不是一种主体和客体之间的认知关系，于是理解是人存在本身的基本界定，解释根本上不是在理论的声明中而是在行动中完成的。

　　不要先认错了进行解释所需要的本质条件，这样才能够满足解释所必需的基本条件。决定性的事情不是从循环中脱身，而是依照正确的方式进入这个循环。领会的循环不是一个由任意的认知方式活动于其间的圆圈，这个用语表达的乃是此在本身的生存论上的"先"结构。把这个循环降低为一种恶性循环是不行的，即使降低为一种可以容忍的恶性循环也不行。在这一循环中包藏着最原始的认识的一种积极的可能性。当然，这种可能性只有在如下情况下才能得到真实的掌握，那就是：解释领会到它的首要的、不断的和最终的任务始终是不让向来就有的先行具有、先行视见与先行掌握以偶发奇想和流俗之见的方式出现，它的任务始终是从事情本身出来清理先行具有、先行视见与先行掌握，从而保障课题的科学性。[1]

――――――――――

　　[1] [德] 马丁·海德格尔：《存在与时间》（修订译本），陈嘉映、王庆节合译，生活·读书·新知三联书店 2006 年版，第 179 页。

伽达默尔在海德格尔提出存在主义哲学的基础上，进一步加工成了系统的哲学解释学。伽达默尔认为理解不是人的一种孤立的行动，而是我们生活经验的基本结构。我们总是把某事看作某事，那就是世界定位的原初的给予性。我们不能使之简化，让其更简单或更直接。解释是在理解中，人的存在总是面对未来筹划它的可能性。存在的理解总是面向未来，是一种意义的筹划，即未来的可能性的筹划和根据自己的现状在现实中对自身的筹划。因此，理解绝不会就此结束或达到完整。在伽达默尔看来，将理解活动看作是"再现"，是一种根深蒂固的错误。理解者是生活与历史传统之中的存在者，理解活动是一种创造活动，目的在于使文本意图重新存在于当下。其理解过程是一种"视域融合"。"视域融合"是指理解者从他当前的观点出发来理解，在与理解对象的对话中不断形成新的视域。因而，在不断视域融合的过程中，理解者的理解程度也会逐渐加深。其也代表着是一种不断产生理解、生成意义的过程。

从施莱尔马赫到伽达默尔对于"理解"的阐释，实际体现的是技术性、解释性至理解性的转向，这一点从施莱尔马赫和伽达默尔的论点比较中即可得到清晰的判断。施莱尔马赫寻求的是比作者更好地理解作者，而伽达默尔主张理解总是意味着不同的理解，尽管未必是更好的理解。

> 理解沿着文本前后循环运动，当文本达到完美的理解时就停止……海德格尔以这种方式描述了这一循环，文本

的理解永远由前结构的有所期待的运动所决定。整体和部分的循环不会消失在完美的理解中，正相反，这一循环得到非常充足的实现。[1]

在人类学领域，格尔茨主要受马克斯·韦伯、维特根斯坦、克拉克洪等学者的影响，创建了解释人类学流派。解释人类学理论的核心是理解、解释、意义。任何一种解释人类学的民族志作品，都是基于文化持有者理解的理解、基于文化持有者解释的解释，对地方性意义世界进行文本书写，以此解释地方性文化的深层次意义结构。即追求的是文化持有者的观念世界，研究者的观念世界以及读者观念世界的沟通。"简言之，人类学写作本身就是阐释，此外还有第二层和第三层的阐释（根据定义，只有'本土人'才能做第一层次的阐释：这是他的文化)。"[2]

> 对于文化分析而言，永远存在这样一种危险：在寻找深伏在底层的乌龟时，它会迷失表层的现实生活——使人们在方方面面受到制约的政治、经济和分层的现实——和这些表层的现实生活建立其上的生物和物质的必要因素。……我就是这样来写民族主义、暴力、认同、人性、

---

〔1〕 ［德］汉斯-格奥尔格·加达默尔：《真理与方法——哲学诠释学的基本特征》（下卷），洪汉鼎译，上海译文出版社 1999 年版，第 293 页。
〔2〕 ［美］克利福德·格尔兹：《文化的解释》，纳日碧力戈等译，王铭铭校，上海人民出版社 1999 年版，第 17 页。

合法性、革命、族群性、城市化、地位、死、时间，尤其是具体的民族志为把这些东西置于某种可理解、有意义的框架之中的努力。[1]

(二) 仪式即理解

无论是词典上的释义，还是传统认识论流派、浪漫哲学流派、生命哲学流派，对于"理解"的解读都是趋于一致的，即持有认识论的基本价值取向，将理解视为一种技术、一种心理认知活动。认识论的"理解"追求的是客观性，借助于客观的文本和客观的历史情境，实现意义和对象的客观符合。因而，认识论视角下的仪式"理解"，更多的是强调了"仪式和理解"，将"仪式"视为一次技术性操作，也就是仪式与理解之间存在着一一映射的意义结构。尽管认识论视角下的仪式"理解"也存在对意义的阐释，但其中最为关键的是意义的指涉。就民国《孔子世家谱》撰修仪式而言，本身就是一场堪称惊心动魄的文化行动，是历史、文化、社会、生命、族群等因素综合催动的结果。它并不是实在化中的文本仪式，也就不能单纯地"从文本中来，到文本中去"，而是立足于文本仪式，诉说着当下人的境遇，否则就消退了太多的行为或实践背景之下的意义结构。

不同取向的理解观，就会产生着不同的意义观。存在主义

---

[1]　[美] 克利福德·格尔兹：《文化的解释》，纳日碧力戈等译，王铭铭校，上海人民出版社1999年版，第34页。

哲学流派、哲学解释学流派、解释学人类学流派强调的是指涉对象的解释性和理解性，意义的丰富性、复杂性、生成性和主体间性。从民国《孔子世家谱》撰修仪式现场看，尤其是最终教化形塑出了生命共同体，可知仪式绝不是一次简单的表演，或一幕特意安排的剧场。就是说，民国《孔子世家谱》撰修仪式现场在表征着"仪式和理解"这一浅层结构的同时，又通过仪式空间、仪式内容、仪式程序等象征符号体系表达出分层划等的丰富的意义结构。从传统认识论流派到哲学解释学流派，从解释学哲学流派到解释人类学流派，是环环相扣、一步步演化的结果。存在主义哲学的要义在于解释人的本真存在的意义。在民国《孔子世家谱》撰修仪式这一行为场景下，"仪式和理解"由此被赋予了一个全新的观念体系，可阐释为"仪式存在着理解"或"仪式即理解"。邓友超指出："理解性是理解的动态特征。"〔1〕因而，"仪式即理解"也可被称作"仪式的理解性"。"仪式的理解性"的表意是丰富的、外延极为广阔，"仪式和理解"是单调的，二者是一般与特殊的关系。进一步说，"仪式和理解"，仅是对于民国《孔子世家谱》撰修仪式文化的浅层描述；而"仪式的理解性"则赋予了民国《孔子世家谱》撰修仪式文化的多向度的"深描"的可能性。"仪式的理解性"的意蕴由此而来，在于超越"仪式和理解"，挖掘仪式中的分层划等的深层次意义结构。

---

〔1〕 邓友超：《教育解释学》，教育科学出版社 2009 年版，第 7 页。

二、文化性与生命性的统一

将民国《孔子世家谱》撰修仪式视为一项文化活动、一个文化文本进行文化阐释，是对中国传统文化的一种寻找和继承。然而，从孔氏家族修谱动机的层面而言，寻找和继承的意义尽管实际存在着，但却不是首要的。寻找传统文化非为寻找而寻找，继承传统文化也非为继承而继承。格尔茨说："阐释人类学的基本使命不是回答我们最深切的问题，而是让我们了解在其他山谷放牧其他羊群的其他人所给予的回答，从而把这些答案收入到可供咨询的有关人类言说的记录当中。"〔1〕对民国《孔子世家谱》撰修仪式意义结构的挖掘，应"一方面抵抗主观主义，另一方面抵抗玄奥主义；努力尽可能地使符号形式的分析密切联系具体的社会事件和场合，密切联系百姓生活的公众世界；通过协调，努力使理论的系统阐述和描写的阐释之间的关系不因对神秘科学的兴趣而受到掩盖"〔2〕。为深入体察孔氏族人在《孔子世家谱》撰修仪式中所获得的原汁原味的意义体验，有必要将之置于孔氏家族的文本语境脉络中加以关怀。

　　记者：您本是儒商，是什么样的机缘让您重修了《孔子世家谱》？

---

〔1〕　［美］克利福德·格尔兹：《文化的解释》，纳日碧力戈等译，王铭铭校，上海人民出版社1999年版，第34页。

〔2〕　［美］克利福德·格尔兹：《文化的解释》，纳日碧力戈等译，王铭铭校，上海人民出版社1999年版，第33页。

孔德墉：从 1999 年开始，我和德字辈的族人按照《民国谱》上记载的地址，给全国各地的族人写信，但是回复者寥若晨星。我们也去各省实地调查，但是效果不佳，大部分人认为我们是骗子。

随着续谱一事被媒体广泛报道，很多孔氏族人不再怀疑，他们主动到山东"寻根问祖"。曾有一群山西昔阳县的孔姓人找到了我，拿着他们的族谱让我查查他们是"真孔"还是"假孔"。续修工作协会将他们的家谱与民国谱一对照，发现该支是唐末第四十一代孙孔邈的后人，大家当时就抱头痛哭，为自己能找到自己的根、确定自己的身份喜极而泣。

记者：这次修谱，您进行了很多"突破"，这都表现在哪些方面？

孔德墉：比如，第一次收录孔氏女性后裔，第一次做成了"全球谱"，我们的方针是"不分性别、不分民族、不分国家"的"三不分"。

以往修谱，只收嫡传不收旁支，只收男性不收女性。在 1930—1937 年，德成大哥修"全国谱"时，已经是个创新了，他第一次收录了旁支，这使得我修"世界谱"成为可能。这次女性入谱，也同男性一样以大字标注，其配偶则在其后以小字标注，这是对女性的尊重。孔子海外后人则以韩国人为多，其次是美国、马来西亚、新加坡、瑞士等国，这是不分民族和国家，是对旁支的尊重。曲阜只是根，而不是中心。[1]

如果只用一个字来表述孔氏族人在《孔子世家谱》撰修中所持有最深切的观念结构的话，那就是"根"——寻根问祖，追本溯源，以维系孔氏血脉，这也正是孔氏族人千百年来一直追求的梦想。事实上，对于"根"的意义的重要性，孔德墉向来很重视。在《孔子世家谱》撰修时，也多次表达过"根"的体会。

> "我还有很多禁忌想突破，但现在还没敢定，因为反对我的人不少。"他说，"如果想改变这一现状，获得更多孔氏族人理解的话，就要花时间去说服和改变传统观念。"譬如以曲阜为中心的"中心论"。因为在很多曲阜孔姓族人看来，孔子生于曲阜，长于曲阜，死于曲阜，理应以曲阜为中心。
>
> 孔德墉想改变这样的现状。他曾在一次家族会议上说："都什么时代了，我觉得家谱的修缮，可以说曲阜是'根'，但不能就说是'中心'，更别提曲阜籍的问题了，别瞧不起'流寓户'，这会影响团结和凝聚力。"[2]

孔德墉续修《孔子世家谱》时，有公司表示可以为续修工

---

〔1〕 孔德墉：《修谱维系血脉 孔府千年梦想》，载 http://www.100jiapu.com/newsview.php? id=87。

〔2〕 王海珍：《孔德墉：〈孔子世家谱〉不仅是血缘，更是文化》，载《中华儿女》2020 年第 3 期。

作提供 DNA 鉴定无偿援助，但为孔德墉所拒绝，决定续修《孔子世家谱》不采用 DNA 检测技术。他是这样阐明此举原因的，"这次续修的不仅是血缘家谱，更是文化家谱，不仅要确认你是不是孔家后人，还要知道你是从哪里来的，你的父亲是谁、祖父是谁？要有记载能够证明你是哪一支的孔家后裔"〔1〕。

诚如上述，《孔子世家谱》撰修仪式，其本质是对始祖孔子的信仰与崇拜、血脉延续、家族"圣人之道"文化的教化传承，是孔氏族人通过仪式的方式、信仰的方式，在族谱撰修过程中与家族教育文化传统进行沟通和交流。《孔子世家谱》撰修仅仅是一种手段，目的在于希望建立起以始祖孔子为同心圆的家族性的、全国性的、乃至于全球性的巨大家族生态网，并以此为全族认同和凝聚力作出最妥当的解释。格尔茨认为："人是悬挂在由他们自己编织的意义之网上的动物，我把文化看作这些网。"〔2〕《孔子世家谱》撰修仪式形成的无形的密如蛛网的复杂家族关系网络，上面附着的是无数个孔氏家族教育文化的意义之点。无数个意义之点，又强化了家族对孔氏族人的凝聚力量。

尽管《孔子世家谱》撰修仪式在历史上不乏停修的情形，但一直没有断绝。尤其从清乾隆谱、民国谱来看，《孔子世家谱》撰修仪式并没有因政治因素的不可抗力而停止，险恶的政治环境反而为其增添了更多的内生力。《孔子世家谱》撰修仪式

〔1〕 王海珍：《孔德墉：〈孔子世家谱〉不仅是血缘，更是文化》，载《中华儿女》2020 年第 3 期。
〔2〕 ［美］克利福德·格尔兹：《文化的解释》，纳日碧力戈等译，王铭铭校，上海人民出版社 1999 年版，第 148 页。

以顽强的生命力在孔氏家族延续、继承下来。这也正说明族谱
撰修对于孔氏族人认祖归宗、生命认同的心理产生了深刻持久
的影响。

应该看到的是，《孔子世家谱》撰修仪式对于孔氏族人的意
义体验是基于血缘的，承载着整个家族的生存意义和生命意义。
并由此在特定的文化生态背景之中，植根于此，孔氏家族在修
谱仪式中最终教化形塑出独特的教育基因——生命共同体。生
命共同体的教育基因内含着家族文化、家族心理、家族价值，
对家族教化传承、家族认同感的获得及家族生命意识形成具有
重要作用。在民国《孔子世家谱》撰修仪式中，儒家教育文化
要素散布于修谱仪式的整个文化体系中。家庙、崇圣堂、报本
堂、诗礼堂等仪式空间，表现着对传统儒家生命观的秉承与追
求，如孝、敬、慎终追远等内核。族谱、修谱事宜、修谱条规、
称谓系统、告文、誓词等仪式内容，可以确保家族是以血缘为
纽带而建构起来的，以达到聚宗收族、维护世统的效果。从联
络族人、族谱编排与刊刻、到告庙礼的仪式程序，蕴含着族人
对圣人之道的追思和坚守，进行的是一种生命情境教育。正是
在各种象征符号之间的复杂互动中，孔氏家族生命共同体的教
化形塑才得以可能。

三、教育性与精神性的结合

格尔茨认为："特定文化的道德（和审美）方面，评价性元
素被称为'精神气质'。……一个民族的精神气质是生活的格

调、特征和品质，它的道德、审美风格和情绪；它是一种潜在态度，朝向自身和生活反映的世界。"[1]民国《孔子世家谱》撰修仪式与孔氏家族文化相互映射和校验。一方面，精神性作为孔氏族人人格独特属性，在观念层面上是合乎情理的，是因为精神性反映出孔氏族人日常生活方式的深层观照；另一方面，教育性又成为孔氏族人心理层面所能接受的，是因它是孔氏家族文化及孔氏族人日常生活方式的真实表征。孔氏族人所持有的观念系统与象征符号群所指涉的意义的对照是民国《孔子世家谱》撰修仪式的全部教育文化内涵，无论这些观念系统与象征符号群如何被建构。《孔子世家谱》撰修仪式作为孔氏家族从历史上一直延续至今的一项文化活动，本身意图在于尊宗敬祖、教化族众。因此，一次短暂的修谱仪式，仍需将家族所秉持的精神性和教育性的所有意义结构都囊括入内。孔氏族人参与仪式时，以此理解和阐释自身的观念系统。

然而，意义只能体现于象征符号系统中，如家庙、报本堂、崇圣堂、诗礼堂、族谱小传、修谱条规等。这些象征符号，在《孔子世家谱》撰修仪式中得到更为直观的呈现。对与此产生共鸣的孔氏族人来说，是经历了孔氏家族文化的一次浸染和再教育，进而获得家族的神圣感和荣誉感。如此，象征符号系统将教育性与精神性相结合。教育性与精神性相结合的动力因素，也正在于《孔子世家谱》撰修仪式的深层次意义结构是否与孔

---

[1]　[美]克利福德·格尔兹：《文化的解释》，纳日碧力戈等译，王铭铭校，上海人民出版社 1999 年版，第 148 页。

氏族人的既有观念系统相契合，并产生心灵感应。实现教育性与精神性的内在统一，不仅是曲阜孔氏族人的期盼，也是其他孔氏支派族人的诉求。

　　为验证这种说法的确切性，下面引用一段孔氏支派族人孔德选想要登入《孔子世家谱》的内心真实写照：

　　　　收到登记表后，填写家族成员姓名、性别，属第几代，都很容易，唯独要查明属六十宗户的哪一户、一百零八派的哪一派、一百二十支的哪一支，就无从查起了。自汉代以来，由于战乱、异地为官、灾荒、贸易等原因，孔氏子孙多有外迁者。但无论迁到何处，只要查查家谱，就能找到自己的派系……我相信，在续谱这件事情上，只要是孔姓，地位都是相同的。我只知道祖上是第六十九代从曲阜迁出，在河北省故城县安家落户的。后来看到一份资料，称上代失叙的支派中有七十七派，其中包括山东的德州支。而故城县在民国年间是属德州管辖的。曲阜孔氏属大宗户，德州支疑为大宗户的分支。有一种说法，说是整理好的家谱已经送到印刷厂，结果被一场洪水冲跑。也就是说，大水冲断了我家的根系，也是失叙的原因。根据此次修谱的规定，我家如果找不到支派，可以入散谱，以后再慢慢查找。像我这样的孔氏不在少数，例如，由于众所周知的原因，第四次修谱时，陕甘宁地区的孔氏就未能入谱。不由得心凉了半截。原以为借此次修谱之机，能把自己的根脉理得条分缕析，一目了然，不料还是烟笼雾罩。

　　与我的同辈朋友孔德辉相比，让人羡慕不已。德辉……借这次修谱之机，他回到老家，看到了家谱。

　　看了孔家码头的家谱，深有感触。除了孔氏这个"天下第一家"，还有哪个姓氏能将家谱理得如此清楚？借第五次修谱的机会，我最大的愿望就是能够找到自家的支派，弄清祖先的来龙去脉。

　　这，不算是奢望吧！〔1〕

　　这就是孔氏家族凝聚力与向心力的一种精确、微妙的表述。从登记表、家谱到续谱的规则，对于孔氏族人而言，不过是耳熟能详的事物，它们的意义是认知的、教育的和精神的。这种意义并不是在孔氏族人中分层划等出现的。孔氏族人在《孔子世家谱》撰修仪式中，任何一种物质、一个环节，早已将其内化于心，只是呈现出仪式所必要的象征符号，而无需进行过多的理解和解释。正如格尔茨所说，仪式的重要性，"在于它作为世界、个人及两者间关系的一般而又独特的观念之源的能力；这两者一方面是它的'归属'模型方面，另一方面是它的'对象'模型方面，即根深蒂固的、同样显著的'心智'倾向。反过来，从这些文化功能中又产生了宗教的社会与心理的功能"〔2〕。《孔子世家谱》撰修仪式中的象征符号体系所具有的塑造作用有

---

〔1〕　资料来源于孔氏支派族人孔德选的微博《修谱记》。
〔2〕　[美] 克利福德·格尔兹：《文化的解释》，纳日碧力戈等译，王铭铭校，上海人民出版社1999年版，第141页。

赖于象征符号体系所指涉的意义系统及其统整孔氏家族文化的能力。步入《孔子世家谱》撰修仪式现场时，其中的象征符号系统会不断赋予孔氏族人新的观念体系和意义结构，孔氏族人也将孔氏家族教育文化的各个要素在自身上得到有效整合。

仪式概念"超出其特有的形而上语境而提供一种普遍的理念框架，根据这种框架，智力、情感及道德的广泛经验，才可以获得意义形式"[1]。所有用以表达孔氏家族教育文化的象征符号被应用于《孔子世家谱》撰修仪式中，如八岁的孔德成穿着古代祭服，率领全族长老、族众有执事者，朝北而跪举行告祭时，孔氏族人便会感受到《孔子世家谱》撰修仪式将教育性与精神性相统合的塑造作用。一系列的象征符号，最终同化为一个整体、归整为同一种目的，形成了《孔子世家谱》撰修仪式教育文化体系。《孔子世家谱》撰修仪式文化体系诉说着孔氏家族的教化内容，这正是孔氏家族源远流长的圣人之道，表述着孔氏族人教育性与精神性的统一。

第三节 需要继续研究的方向

赫尔巴特将教育学建立在心理学的基础之上，使教育学开始走上科学的道路。赫尔巴特说："教育者的第一门科学，虽然远非其科学的全部，也许就是心理学。应当说是心理学首先记

---

〔1〕〔美〕克利福德·格尔兹：《文化的解释》，纳日碧力戈等译，王铭铭校，上海人民出版社 1999 年版，第 141 页。

述了人类活动的全部可能性。"〔1〕自此，教育学科学化运动在全球范围内开展而来，直至今日仍在持续探索中。在追求科学化的道路上，教育学研究存在着两种取向。其一，实证化取向。随着量化研究的泛化及数字化等新兴技术的涌入，教育学研究者一直试图将实证科学的方法引入教育学研究中技术充斥在教育的各个领域，意味着教育研究者对操作细节、技术细节的微观层面愈发熟练，而愈发缺乏对生命个体的宏观理解能力、忽视个体的生命本色。数学符号和科学符号主宰一切，导致很多教育研究者放弃了对教育本原的思考，以至最终止于乌托邦式世界的想象之中。其二，理解和解释的取向。这样的取向源于由来已久的解释学传统和 20 世纪语言分析哲学的滥觞。鲁道夫·卡尔纳普（Rudolf Carnap）分析得最为透彻：哲学家的唯一工作变成了语言分析，一方面，将无意义的形而上学的句子分拣出来；另一方面，剩余的有意义的句子被分成两类：一是可由逻辑和语法确定真假的句子，二是描述世界、具有经验意义的句子，前者交给数学家、逻辑学家、语言学家分析，后者则交给科学家。〔2〕机械化的教育学质性研究最终回归至语言游戏和哲学想象中，使教育与现代生活、符号、生命文化分离，不能构建四者的勾连关系，这将导致教育学研究的人文精神衰

---

〔1〕［德］赫尔巴特：《普通教育学·教育学讲授纲要》，李其龙译，人民教育出版社 1989 年版，第 11 页。

〔2〕［德］鲁·卡尔纳普：《哲学和逻辑句法》，傅季重译，上海人民出版社 1962 年版，第 17 页。

落、道德丧失和"人"的缺位。面对教育学意义本真的缺失，教育研究者的第一个问题就是，如何解蔽和祛魅？这就需要研究者阐释赋予教育之意义的人文性和精神性。

本研究以生命共同体的教化形塑为出发点，对民国《孔子世家谱》的撰修仪式进行了系统的解释与人类学考察，将民国《孔子世家谱》撰修仪式横向划分为仪式空间、仪式内容、仪式程序三个象征符号系统。在此基础上，从社会、文化、心理、生命四个实践向度，深入解释行为场景这一文本背后的概念结构。通过文化解释，研究表明：①修谱仪式主要在家庙，崇圣堂，报本堂，诗礼堂中举行。仪式空间作为一种文化符号，实际上是孔氏家族教育文化内涵的象征，是一种精神观念上的图式，表述的是孔氏家族教育文化的"一贯"内涵。②孔氏家族通过规定修谱事宜、设定辈分系统、辨伪真孔三大手段，并举行告庙祭礼、成立谱局，以规范教育身份，进行家族文化认同教育。③功名立传、修谱条规、族谱刊刻与发放，属于家训式伦常教化的核心内容，是对家族风俗、经验的整合，塑造了孔氏家族成员圣人之道的教育心理。在前面具体象征符号的文化解释基础上，本研究从社会模式、文化系统、心理体系、生命伦理的复杂互动机制中，最终指出民国《孔子世家谱》撰修仪式的深层次意义结构——教育基因——正是生命共同体的教育完形。生命共同体的教化形塑过程又为现代教育建构带来诸多有益的启示，如注重生命、注重文化、注重仪式感等。对民国《孔子世家谱》撰修仪式的多层次阐释，意味着从不同层面呼唤着文化传统继承的重要性，即使作为一个小小的仪式、一项小小的文化行为，也实实在在地凸显了其作为一种人类日常生活存在的特殊教化形式在人类教育文化史中发挥着传承的重要作用。仪式所承载的深层次教育意义结构虽与现代学校教育系统的科学事业无法共融，但其指涉的认同价值、文化价值、生命价值正可弥补学校的一些缺失，抑或至少可为各级各类学校实现人的全面发展提供一些启示与思考。

然而，本研究选择的样本是民国《孔子世家谱》的撰修仪式。从形式上说，本研究属于个案研究。从民国《孔子世家谱》的撰修仪式中提炼出的"生命共同体的教化形塑"这一命题，是否能够普遍适用于其他家族修谱仪式之中，仍须在后续的研究中选择更多的家谱撰修仪式加以检验。正如风笑天所说："从研究目的来看，主要关注于'探索'目的的个案研究，既不具有将结果进行推广的目标，也不具备这种推广的能力。……它们的推广性则往往要依赖于今后其他的研究对这些概念、命题和理论所进行的验证来完成。"[1]

同时，理解民国《孔子世家谱》撰修仪式教育文化观念结构的核心在于圣人之道的代代承续。所谓"圣人，人伦之至也"[2]，"圣人备道全美者也，是县天下之权称也。"[3]圣人之道，是人类优秀文明成果。笔者理论修养浅薄，难以对其分析透彻、切

〔1〕 风笑天：《个案的力量：论个案研究的方法论意义及其应用》，载《社会科学》2022年第5期。

〔2〕 杨伯峻译注：《孟子译注》（上册），中华书局1960年版，第165页。

〔3〕 高长山译注：《荀子译注》，黑龙江人民出版社2003年版，第335页。

中要害。这一点，笔者将在后续研究中进一步思考和完善。

　　此外，本研究只是从教育学的视角对民国《孔子世家谱》撰修仪式进行文化阐释。而《孔子世家谱》的文本叙述已有二千五百余年，其中必然蕴含着丰富的观念内涵及复杂的意义结构。如果能选择从社会、文化、政治、权力等多维度研究，必将获得关于民国《孔子世家谱》撰修仪式的更为整全的认识，这需要笔者今后持续的努力耕耘。

参考文献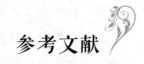

一、族谱

1. （清）孔尚任：《孔子世家谱》，清康熙二十三年（1684 年）孔府刻本。

2. （清）孔昭焕、孔继汾等编：《孔子世家谱》，清乾隆四十八年（1783 年）孔府改正本。

3. 孔德成总裁：《孔子世家谱》（一），山东友谊书社 1990 年版。

4. 孔德墉主编，孔子世家谱续修工作协会编纂：《孔子世家谱》（第 1 册），文化艺术出版社 2009 年版。

5. 《茶阳饶氏族谱》，清光绪三十二年（1906 年）重刊，广东省中山图书馆藏。

6. （明）洪允温等：《重修洪氏统宗谱不分卷》，明末木刻活字印本，中国家谱网站档案馆藏。

7. 《钤印嘉庆、道光朝代续修山东郯城孔氏支谱》，曲阜孔子博物院藏。

二、孔府档案

1. 骆承烈、朱福平、骆明：《孔府档案选》，中国文史出版社 2002 年版。

2. 孟继新主编，政协山东省济宁市委员会编：《孔府档案珍藏》，中国社会出版社 2010 年版。

3. 中国社会科学院近代史研究所中华民国史研究室、山东省曲阜文物管理委员会编：《孔府档案选编》（下册），中华书局 1982 年版。

4. 中国社会科学院近代史研究所编辑：《曲阜孔府档案史料选编》，齐鲁书社 1988 年版。

三、地方志

1. （清）潘相纂修：《曲阜县志》，乾隆三十九年（1774 年）刻本。

2. （清）杨士骧等修，孙保田等纂：《山东通志》，清宣统三年（1911 年）修，民国四年（1915 年）山东通志刊印局铅印本。

3. 山东省曲阜市地方史志编委会主编：《曲阜县志》，山东人民出版社 1993 年版。

4. 山东省地方史志编纂委员会编：《山东省志·孔子故里志》，中华书局 1994 年版。

5. 孙永汉修，李经野、孔昭曾纂：《中国地方志集成·山东府县志辑 74·民国续修曲阜县志/光绪泗水县志》，民国二十三年（1934 年）铅印本，教育出版社 2004 年版。

6. 《钦定四库全书·钦定大清一统志·卷一百三十·兖州府二》，1934 年上海涵分楼《四部丛刊》续编影印本，中国哲学书电子化计划影印资料。

四、孔府族人文献

1. （金）孔元措编撰，孔子文化大全编辑部编辑：《孔氏祖庭广记》，山东友谊书社 1989 年版。

2. （明）陈镐纂修，孔子文化大全编辑部编辑：《阙里志》，山东友谊书社 1989 年版。

3. （清）黄本骥撰，孔子文化大全编辑部编辑：《圣域述闻》，山东友谊书社 1990 年版。

4. （清）孔继汾撰：《阙里文献考》，北京大学图书馆藏。

5. （清）孔尚任撰：《阙里志》，衍圣公府自刻本，曲阜师范大学图书馆藏。

五、档案资料汇编

1. 彭明主编：《中国现代史资料选辑》［第 3 册（1927—1931）］，中国人民大学 1988 年版。

2. 上海图书馆编，陈建华、王鹤鸣主编：《中国家谱资料选编》，上海古籍出版社 2013 年版。

3. 赵恒烈、徐锡祺主编：《中国历史资料选（近代部分）》，河北人民出版社 1986 年版。

4. 中国第二历史档案馆编：《中华民国史档案资料汇编》［第 5 辑·第 1 编·文化（二）］，江苏古籍出版社 1994 年版。

5. 中国人民政治协商会议北京市委员会文史资料研究委员会编：《文史资料选编》（第 41 辑），北京出版社 1991 年版。

六、报纸

1. 《全国孔氏合修族谱启事》，载《申报》1928 年 11 月 15 日，第 12 版。

2. 《全国孔氏合族修谱筹备处通告》，载《申报》1929 年 2 月 15 日，第 18 版。

3. 孔德成：《庭训与师道》，载《联合报》1986 年 9 月 28 日。

4. 韩妹：《74.3%的人感觉国人仪式感淡漠》，载《中国青年报》2010 年 10 月 19 日，第 3 版。

5. 康琼：《传承中华优秀传统文化 树立社会主义文化自信》，载《光明日报》2018 年 8 月 31 日，第 6 版。

6. 李明新：《传统文化教育就是中国根的教育》，载《中国教育报》2017 年 4 月 5 日，第 7 版。

7. 徐德莉：《中华优秀传统文化与中华民族共同体意识》，载《光明日报》2017 年 4 月 10 日，第 15 版。

七、著作类

1. 吴虞：《吴虞文录》，上海亚东图书馆 1921 年版。

2. 杨伯峻译注：《孟子译注》，中华书局 1960 年版。

3. ［德］鲁·卡尔纳普：《哲学和逻辑句法》，傅季重译，上海人民出版社 1962 年版。

4. 冯尔康、闫爱民：《中国宗族》，广东人民出版社、华夏出版社 1996 年版。

5. （宋）张载：《张载集》，章锡琛点校，中华书局 1978 年版。

6. （清）阮元校刻：《十三经注疏》（附校勘记·下册），中华书局 1980 年版，"卷二十二·礼运·礼记正义"。

7. （宋）程颢、程颐：《二程集》，王孝鱼点校，中华书局 1981 年版。

8. 何龄修等：《封建贵族大地主的典型——孔府研究》，中国社会科学出版社 1981 年版。

9. ［英］R. 道金斯：《自私的基因》，卢允中、张岱云译，科学出版社 1981 年版。

10. 杨伯峻编著：《春秋左传注》（第 4 册·昭公 定公 哀公），中华书局 1981 年版。

11. 孔德懋：《孔府内宅轶事——孔子后裔的回忆》，天津人民出版社 1982 年版。

12. 中国革命博物馆整理：《吴虞日记》（上），荣孟源审校，四川人民出版社 1984 年版。

13. （清）章学诚：《文史通义校注》，叶瑛校注，中华书局 1985 年版。

14. ［德］恩斯特·卡西尔：《人论》，甘阳译，上海译文出版社 1985 年版。

15. （清）孙星衍撰：《尚书今古文注疏》（上），陈抗、盛冬铃点校，中华书局 1986 年版。

16. ［英］马林诺夫斯基：《文化论》，费孝通等译，中国民间文艺出版社 1987 年版。

17. 韩达编：《评孔纪年（1911—1949）》，山东教育出版社 1988 年版。

18. ［瑞］卡尔·荣格等：《人类及其象征》，张文举、荣文库译，陆梁校，辽宁教育出版社 1988 年版。

19. 林语堂：《剪拂集·大荒集》，人民文学出版社 1988 年版。

20. ［德］赫尔巴特：《普通教育学·教育学讲授纲要》，李其龙译，人民教育出版社 1989 年版。

21. 张立文：《传统学引论——中国传统文化的多维反思》，中国人民大学出版社 1989 年版。

22. ［德］黑格尔：《历史哲学》，上海书店出版社 2001 年版。

23. 苗力田主编：《亚里士多德全集》（第 1 卷），中国人民大学出版社 1990 年版。

24. 忻平、胡正豪、李学昌主编：《民国社会大观》，福建人民出版社 1991 年版。

25. ［德］雅斯贝尔斯：《什么是教育》，邹进译，生活·读书·新知三联书店 1991 年版。

26. 中国谱牒学研究会编：《谱牒学研究》（第 2 辑），文化艺术出版社 1991 年版。

27. 周振甫译注：《周易译注》，中华书局 1991 年版。

28. 孔繁银：《衍圣公府见闻》，齐鲁书社 1992 年版。

29. 叶涛、陈学英、陈凡明编著：《孔子故里风俗》，华语教学出版社 1993 年版。

30. 李松林主编：《中国国民党史大辞典》，安徽人民出版社 1993 年版。

31. 王谦、张河、王润宣：《大家族传》，山东友谊出版社 1993 年版。

32. 龙怡凡：《南丹县民间故事集》，广西人民出版社 1994 年版。

33. 钱杭：《中国宗族制度新探》，中华书局 1994 年版。

34. 张开焱：《文化与叙事》，中国三峡出版社 1994 年版。

35. 张诗亚：《西南民族教育文化溯源》，上海教育出版社 1994 年版。

36. 钱杭、谢维扬：《传统与转型：江西泰和农村宗族形态———一项社会人类学的研究》，上海社会科学院出版社 1995 年版。

37. 陈支平：《福建族谱》，福建人民出版社 1996 年版。

38. 冯尔康：《中国古代的宗族与祠堂》，商务印书馆国际有限公司 1996 年版。

39. 向青等：《三十年代中国》，北京大学出版社 1996 年版。

40. 于述胜、于建福：《中国传统教育哲学》，江苏教育出版社 1996 年版。

41. 张黎辉等编辑：《北洋军阀史料·黎元洪卷二》，天津古籍出版社 1996 年版。

42. 中国蔡元培研究会编：《蔡元培全集（1927—1936）》（第 6 卷），浙江教育出版社 1997 年版。

43. 葛志强：《少年衍圣公：孔德成》，华艺出版社 1997 年版。

44. 中国人民政治协商会议天津市河西区委员会文史资料委员会编：《河西文史资料选辑》（第 2 辑），中国人民政治协商会议天津市河西区委员会文史资料委员会 1997 年版。

45. 孔德懋主编：《孔子家族全书》，辽海出版社 1999 年版。

46. 王铭铭：《想象的异邦——社会与文化人类学散论》，上海人民出版社 1998 年版。

47.（明）徐师曾：《文章辨体序说 文体明辨序说》，罗根泽校点，人民文学出版社 1962 年版。

48. 叶澜：《教育概论》，人民教育出版社 2006 年版。

49. ［德］汉斯-格奥尔格·加达默尔：《真理与方法——哲学诠释学的基本特征》，洪汉鼎译，上海译文出版社 1999 年版。

50. 柯兰：《千年孔府的最后一代》，天津教育出版社 1998 年版。

51. ［美］克利福德·格尔兹：《尼加拉：十九世纪巴厘剧场国家》，赵丙祥译，王铭铭校，上海人民出版社 1999 年版。

52. ［美］克利福德·格尔兹：《文化的解释》，纳日碧力戈等译，王铭铭校，上海人民出版社 1999 年版。

53. 《十三经注疏》整理委员会整理：《十三经注疏·春秋左传正义》（下），北京大学出版社 1999 年版。

54. ［日］内藤湖南、青木正儿：《两个日本汉学家的中国纪行》，王青译，光明日报出版社 1999 年版。

55. 高申春：《人性辉煌之路：班杜拉的社会学习理论》，湖北教育出版社 2000 年版。

56. 孔祥仁：《孔府演义》，新华出版社 2000 年版。

57. 罗钢、刘象愚主编：《文化研究读本》，中国社会科学出版社 2000 年版。

58. ［英］莫里斯·弗里德曼：《中国东南的宗族组织》，刘晓春译，王铭铭校，上海人民出版社 2000 年版。

59. 周积明、宋德金主编：《中国社会史论》（上卷），湖北教育出版社 2000 年版。

60. ［美］A. 班杜拉：《思想和行动的社会基础——社会认知论》（上册），林颖等译，华东师范大学出版社 2001 年版。

61. 冯增俊：《教育人类学》，江苏教育出版社 2001 年版。

62. 洪汉鼎主编：《理解与解释——诠释学经典文选》，东方出版社 2001

年版。

63. 李一中主编：《孔子七十七代嫡裔图》，远方出版社 2001 年版。

64. ［法］圣埃克絮佩里：《小王子》，周克希译，上海译文出版社 2001
年版。

65. ［英］苏珊·布莱克摩尔：《谜米机器——文化之社会传递过程的"基
因学"》，高申春、吴友军、许波译，吉林人民出版社 2001 年版。

66. 居阅时、瞿明安主编：《中国象征文化》，上海人民出版社 2001 年版。

67. 《纵横》编辑部编：《民国政要多棱镜》，中国文史出版社 2001 年版。

68. 丁钢主编：《历史与现实之间：中国教育传统的理论探索》，广西师范
大学出版社 2009 年版。

69. 孔繁银：《曲阜的历史名人与文物》，齐鲁书社 2002 年版。

70. 熊哲宏：《皮亚杰理论与康德先天范畴体系研究》，华中师范大学出版
社 2002 年版。

71. 张福记：《近代中国社会演化与革命：新民主主义革命发生发展的历史
根据探究》，人民出版社 2002 年版。

72. ［英］布莱恩·劳森：《空间的语言》，杨青娟等译，中国建筑工业出
版社 2003 年版。

73. 高长山译注：《荀子译注》，黑龙江人民出版社 2003 年版。

74. 陶友松主编：《老祠堂》，人民美术出版社 2003 年版。

75. 刘黎明：《中国血缘亲族习俗——祠堂·灵牌·家谱》（第 3 版），四
川人民出版社 2009 年版。

76. 刘晓春：《仪式与象征的秩序——一个客家村落的历史、权力与记忆》，
商务印书馆 2003 年版。

77. 孟继新：《孔子家史》，远方出版社 2003 年版。

78. 沙其敏、钱正民编：《中国族谱与地方志研究》，上海科学技术文献出

版社 2003 年版。

79. 韦森：《文化与制序》，上海人民出版社 2003 年版。

80. 黄济、郭齐家主编：《中国教育传统与教育现代化基本问题研究》，北京师范大学出版社 2003 年版。

81. ［法］茨维坦·托多罗夫：《象征理论》，王国卿译，商务印书馆 2004 年版。

82. ［英］菲奥纳·鲍伊：《宗教人类学导论》，金泽、何其敏译，中国人民大学出版社 2004 年版。

83. 顾明远：《教育：传统与变革》，人民教育出版社 2004 年版。

84. 顾明远：《中国教育的文化基础》，山西教育出版社 2004 年版。

85. 李鹏程、王厚香：《天下第一家——孔子家族的历史变迁》，经济日报出版社 2004 年版。

86. 周洪才：《孔子故里著述考》，齐鲁书社 2004 年版。

87. ［英］爱德华·泰勒：《原始文化：神话、哲学、宗教、语言、艺术和习俗发展之研究》（重译本），连树声译，谢继胜、尹虎彬、姜德顺校，广西师范大学出版社 2005 年版。

88. ［美］C. J. 菲尔墨：《“格”辨》，胡明扬译，商务印书馆 2005 年版。

89. 黄进兴：《圣贤与圣徒》，北京大学出版社 2005 年版。

90. 黄书光：《中国社会教化的传统与变革》，山东教育出版社 2005 年版。

91. 林晓平：《客家社会与文化研究》，黑龙江人民出版社 2006 年版。

92. 鲁迅：《集外集拾遗补编》，人民文学出版社 2006 年版。

93. ［美］罗伯特·达恩顿：《屠猫记·法国文化史钩沉》，吕健忠译，新星出版社 2006 年版。

94. ［英］维克多·特纳：《象征之林——恩登布人仪式散论》，赵玉燕、欧阳敏、徐洪峰译，商务印书馆 2006 年版。

95. 杨伯峻译注：《论语译注》（简体字本），中华书局 2006 年版。

96. 朱明存：《美的根源》，中国社会科学出版社 2006 年版。

97. 李小龙译注：《墨子》，中华书局 2007 年版。

98. ［英］维克多·特纳：《仪式过程：结构与反结构》，黄剑波、柳博赟译，中国人民大学出版社 2006 年版。

99. ［美］艾·弗洛姆：《爱的艺术》，李健鸣译，上海译文出版社 2008年版。

100. 凌建：《顺德祠堂文化初探》，科学出版社 2008 年版。

101. 王静：《祠堂中的宗亲神主》，重庆出版社 2008 年版。

102. 王蕊：《齐鲁家族聚落与文化变迁》，齐鲁书社 2008 年版。

103. 邓友超：《教育解释学》，教育科学出版社 2009 年版。

104. 丁钢：《全球化视野中的中国教育传统研究》，广西师范大学出版社 2009 年版。

105. 丁钢主编：《文化的传递与嬗变：中国文化与教育》，广西师范大学出版社 2009 年版。

106. 郭元祥：《教育的立场》，安徽教育出版社 2009 年版。

107. 刘乐贤编著：《孔子家语》，北京燕山出版社 1995 年版。

108. 罗志田：《裂变中的传承：20 世纪前期的中国文化与学术》，中华书局 2009 年版。

109. 叶澜主编：《"生命·实践"教育学论丛·第 4 辑：命脉》，广西师范大学出版社 2009 年版。

110. ［印］克里希那穆提：《教育就是解放心灵》，张春城、唐超权译，九州出版社 2010 年版。

111. 李政涛：《做有生命感的教育者》，北京师范大学出版社 2010 年版。

112. 孟继新主编，政协山东省济宁市委员会编：《孔府孔庙碑文楹联集萃》，中国社会出版社 2011 年版。

113. 王鹤鸣：《中国家谱通论》，上海古籍出版社 2010 年版。

114. 张全海：《世系谱牒与族群认同》，世界图书出版公司 2010 年版。

115. 陈雪英：《西江苗族"换装"礼仪——教育人类学诠释》，重庆大学出版社 2011 年版。

116. 孔祥云编著：《孔氏家族档案全揭秘》，华文出版社 2011 年版。

117. 杨义堂：《大孔府》，中国文联出版社 2011 年版。

118. 张鲁原编著：《中华古谚语大辞典》，上海大学出版社 2011 年版。

119. 孔祥林，政协山东省济宁市委员会编：《衍圣公与衍圣公府》，中国社会出版社 2012 年版。

120. ［奥］路德维希·维特根斯坦：《文化与价值》，涂纪亮译，北京大学出版社 2012 年版。

121. 孟继新，政协山东省济宁市委员会编：《孔府轶事》，中国社会出版社 2013 年版。

122. 孟坡主编、曲阜市文化遗产管理委员会、孔子博物馆编：《曲阜小城故事多》，中国文史出版社 2012 年版。

123. 肖川：《润泽生命的教育》，北京师范大学出版社 2012 年版。

124. 严元章：《中国教育思想源流》，广东教育出版社 2012 年版。

125. 张炎兴：《祠堂与教堂：韦伯命题下的浙江模式研究》，中国社会科学出版社 2012 年版。

126. 冯尔康：《中国古代的宗族和祠堂》，商务印书馆 2013 年版。

127. 孔祥林、管蕾、房伟：《孔府文化研究》，中华书局 2013 年版。

128. 曲阜市民俗学会编：《孔子故里风俗》，山东友谊出版社 2013 年版。

129. 王鹤鸣、王澄：《中国祠堂通论》，上海古籍出版社 2013 年版。

130. 汪士淳：《儒者行：孔德成先生传》，联经出版事业股份有限公司

2013 年版。

131. 邓桦：《仪式中的教育过程——云南文山蓝靛瑶"度戒"仪式的教育人类学分析》，人民出版社 2014 年版。

132. 黄书光等：《变迁与转型：中国传统教化的近代命运》，上海教育出版社 2014 年版。

133. 马伯庸：《古董局中局·3，掠宝清单》，北京联合出版公司 2014 年版。

134. 王振星主编：《济宁历代楹联选》，中国社会出版社 2014 年版。

135. 刘华：《中国祠堂的故事》，山东画报出版社 2015 年版。

136. 骆承烈：《洙泗归元——骆承烈学孔研孔六十年》，中国孔子文化出版社 2015 年版。

137. 汤海艳：《成人之道：中国传统礼仪及其道德教育功能研究》，南京大学出版社 2015 年版。

138. 王谦、王传贺绘：《大孔府》，山东文艺出版社 2015 年版。

139. 吴锡标等：《孔氏南宗研究》，国家图书馆出版社 2015 年版。

140. 俞祖华、赵慧峰：《离合之间：中国现代三大思潮及其相互关系》，人民出版社 2015 年版。

141. 丁贤勇编著：《祠·学堂·礼堂：20 世纪中国乡土社会公共空间变迁》，中国社会科学出版社 2016 年版。

142. ［美］克利福德·格尔茨：《地方知识——阐释人类学论文集》，杨德睿译，商务印书馆 2016 年版。

143. 田正平：《调适与转型：传统教育变革的重构与想象》，人民教育出版社 2016 年版。

144. 吴锡标、刘小成编著：《儒风浩荡——孔氏南宗与江南社会文化》，商务印书馆 2016 年版。

145. 张鸣：《张鸣说历史——角落里的民国》，陕西师范大学出版总社

2016 年版。

146. 张青仁：《行香走会：北京香会的谱系与生态》，中央民族大学出版社 2016 年版。

147. 天下杂志记者：《发现台湾：1620—1945》，重庆出版社 2017 年版。

148. 吴秋林：《文化基因论》，商务印书馆 2017 年版。

149. 靳凤林等：《祠堂与教堂：中西传统核心价值观比较研究》，人民出版社 2018 年版。

150. 张立文：《中国传统文化与人类命运共同体》，中国人民大学出版社 2018 年版。

151. 周海生：《守家训 树家风——自古齐家即有方》，中华书局 2018 年版。

152. ［德］马丁·海德格尔：《存在与时间》（修订译本），陈嘉映、王庆节合译，生活·读书·新知三联书店 2006 年版。

153. 孔德成：《孔德成先生合集》，艺术家出版社 2019 年版。（含《孔德成先生文集》《孔德成先生日记》及《孔德成先生法书》三册）

154. 刘正发：《凉山彝族家支文化传承的教育人类学研究》，中央民族大学出版社 2007 年版。

155. 孔庆福：《孔子世家谱探索》，载云南孔子学术研究会编：《孔学研究》（第 7 辑），云南人民出版社 2007 年版。

八、学位论文

1. 杨政：《政治变迁与文化重建——以 1929 年"〈子见南子〉案"为中心的研究》，山东大学 2006 年硕士学位论文。

2. 徐秋玲：《中国传统教育思想对现代大学理念的影响研究》，广西师范大学 2011 年硕士学位论文。

3. 柴慧芳：《作为符号的象征》，河南大学 2009 年硕士学位论文。

4. 沈超：《徽州祠堂建筑空间研究》，合肥工业大学 2009 年硕士学位论文。

5. 王良：《明清徽州谱牒编纂的宗旨、原则和方法》，安徽大学 2011 年硕士学位论文。

6. 杨宪武：《孔府饮食文化研究》，华中师范大学 2012 年硕士学位论文。

7. 占文倩：《明清桐城地方宗族的祖先记忆与族谱编纂》，江西师范大学 2013 年硕士学位论文。

8. 戴畅：《徽州祠堂与宗族文化传播研究》，西北大学 2015 年硕士学位论文。

9. 侯俊琦：《修谱与兴孝：明代家谱修撰目的及实效性研究》，华东师范大学 2015 年硕士学位论文。

10. 聂文佳：《古村镇文化展示空间设计与研究——以惠山古镇为例》，清华大学 2015 年硕士学位论文。

11. 陈晓艺：《文化礼堂建设对乡村社会秩序重构的意义研究——以乐清市农村文化礼堂建设为例》，浙江工商大学 2015 年硕士学位论文。

12. 杨静：《桂中地区覃氏宗族文化变迁研究——以覃爕支系和覃大业支系为例》，广西师范大学 2015 硕士学位论文。

13. 李晓云：《浅析宗祠文化与公共文化的互嵌现象——以温州永嘉苍坡村文化礼堂为例》，温州大学 2016 年硕士学位论文。

14. 吕春阳：《明代徽州家谱内容与体例研究》，安徽师范大学 2016 年硕士学位论文。

15. 申业磊：《农村公共文化空间的重构——以永嘉县农村文化礼堂建设为例》，温州大学 2016 年硕士学位论文。

16. 王耀祖：《社会变迁中的元代徽州社会教化研究》，华东师范大学 2016 年硕士学位论文。

17. 于海燕：《民国时期江苏家谱纂修研究》，扬州大学 2016 年博士学位论文。

18. 胡楚清：《家谱中传记书写研究——以明代徽州家谱中传记为中心》，安徽师范大学 2017 年硕士学位论文。

19. 卢科全：《黄河上游地区民间宗祠建筑空间与文化研究》，西安建筑科技大学 2017 年硕士学位论文。

20. 钱骏祥：《河南民间宗祠文化与建筑空间研究》，西安建筑科技大学 2017 年硕士学位论文。

21. 袁宇阳：《乡村记忆：宗族复兴中的精英行为研究——以湖北省 X 市郊区农村为例》，华东师范大学 2018 硕士学位论文。

九、期刊论文

1. 陈独秀：《敬告青年》，载《青年杂志》1915 年第 1 期。

2. 易白沙：《孔子平议下》，载《新青年》1916 年第 1 期。

3. 陈独秀：《一九一六年》，载《青年杂志》1916 年第 5 期。

4. 陈独秀：《驳康有为致总统总理书》，载《新青年》1916 年第 2 期。

5. 刘长林：《宇宙基因·社会基因·文化基因》，载《哲学动态》1988 年第 11 期。

6. 刘长林：《中国民族文化基因及其阴性偏向》，载《哲学动态》1989 年第 1 期。

7. 林同奇：《格尔茨的"深度描绘"与文化观》，载《中国社会科学》1989 年第 2 期。

8. 周国韬、元龙河：《班杜拉的社会学习理论再探》，载《教育评论》1989 年第 2 期。

9. 余世谦：《中国传统教育思想探要》，载《复旦教育》1992 年第 1 期。

10. 丁钢：《略论教育传统与变革》，载《中国教育学刊》1992 年第 2 期。

11. 周祚绍：《修谱：收族的法门——清代孔氏修谱档案论析》，载《民俗研究》1994 年第 3 期。

12. 吕明灼：《儒学与民国政治》，载《文史哲》1995 年第 3 期。

13. 郭齐家：《论中国传统教育的基本特征及其现代价值》，载《湖南大学学报（社会科学版）》1996 年第 4 期。

14. 裴娣娜：《中国传统教育现代化发展的方法论思考》，载《北京师范大学学报（社会科学版）》1995 年第 5 期。

15. 王炳照：《二重性·两点论·双重任务——略论中国传统教育与现代化》，载《北京师范大学学报（社会科学版）》1995 年第 5 期。

16. 毕天璋：《右脑开发与中国传统教育》，载《河南社会科学》1997 年第 1 期。

17. 杨鑫辉、汪凤炎：《中国传统教育的理念探讨》，载《江西教育科研》1998 年第 3 期。

18. 顾冠华：《师道·师责·师谊——中国传统教育中的教师》，载《辽宁高等教育研究》1998 年第 5 期。

19. 顾冠华：《师德与师质：中国传统教育中教师的标准和要求》，载《黑龙江高教研究》1998 年第 6 期。

20. 杨东平：《中国传统教育的现代命运》，载《清华大学教育研究》1999 年第 2 期。

21. 郭齐家：《中国传统教育哲学与全球伦理》，载《教育研究》2000 年第 11 期。

22. 秦哲、丰志刚：《习近平同志的治国理政思想的民族气质、中国特质与世界品质》，载《红旗文稿》2017 年第 4 期。

23. 胡金平：《教育传统：教育现代化无法割断的联系》，载《华东师范大学学报（教育科学版）》2001 年第 2 期。

24. 王明珂：《历史事实、历史记忆与历史心性》，载《历史研究》2001 年第 5 期。

25. 赵兴胜：《社会变迁与文化选择——近代山东的孔氏家族》，载《山东大学学报（哲学社会科学版）》2001 年第 5 期。

26. 宋芳、史学正：《教育图式特征功能说》，载《通化师范学院学报》2006 年第 1 期。

27. 叶小青：《民国〈子见南子〉演剧风波述评》，载《三门峡职业技术学院学报》2006 年第 1 期。

28. 徐梓：《"天地君亲师"源流考》，载《北京师范大学学报（社会科学版）》2006 年第 2 期。

29. 孔红霞：《曲阜二师〈子见南子〉案始末》，载《文史精华》2006 年第 9 期。

30. 刘正发：《试论文化传播论对教育的启示》，载《西北民族大学学报（哲学社会科学版）》2007 年第 2 期。

31. 牛玉瑛：《浅析撰修家谱目的》，载《沧桑》2008 年第 1 期。

32. 闫长丽：《"子见南子"风波》，载《寻根》2008 年第 2 期。

33. 徐杰舜：《文化基因：五论中华民族从多元走向一体》，载《湖北民族学院学报（哲学社会科学版）》2008 年第 3 期。

34. 杜玉芳：《〈子见南子〉案始末》，载《文史博览》2008 年第 4 期。

35. 吴秋林：《原始文化基因论》，载《贵州民族学院学报（哲学社会科学版）》2008 年第 4 期。

36. 王增勤：《民国"辱孔"案始末》，载《湖北档案》2008 年第 11 期。

37. 鲁南：《惊动蒋介石的"辱孔"演剧》，载《档案天地》2009 年第 4 期。

38. 冯尔康：《宗族不断编修族谱的特点及其原因——以清朝人修谱为例》，载《淮阴师范学院学报（哲学社会科学版）》2009 年第 5 期。

39. 卞利：《明代徽州谱牒的纂修、管理及其家国互动关系研究》，载《江海学刊》2010 年第 1 期。

40. 黄欢：《"子见南子"的现代官司》，载《国学》2010 年第 4 期。

41. 张舜清：《略论儒家生命伦理精神及其理论渊源——以"生"为视角》，载《伦理学研究》2010 年第 6 期。

42. 张舜清：《儒家生命伦理的原则及其实践方式——以"生"为视角》，载《哲学动态》2011 年第 10 期。

43. 常建华：《晚明华北宗族与族谱的再造——以山东青州〈重修邢氏宗谱〉为例》，载《安徽史学》2012 年第 1 期。

44. 胡明贵：《以"卡里斯玛"为视角："西学东渐"与近代中国文化威信衰落考察》，载《深圳大学学报（人文社会科学版）》2013 年第 4 期。

45. 黄平、李太平：《教育过程的界定及其生成特性的诠释》，载《教育研究》2013 年第 7 期。

46. 张玮：《论家谱档案的宣传教育功能及其征集策略》，载《档案管理》2014 年第 5 期。

47. 徐庆文：《历史真实与政治情感之间——民国"子见南子"事件辨疑》，载《海岱学刊》2015 年第 1 期。

48. 李先明、孟晓霞：《南京国民政府初期"反孔"与"拥孔"之争——以 1929 年〈子见南子〉案为中心》，载《民国研究》2015 年第 2 期。

49. 陈冬冬：《乾隆年间〈孔氏家仪〉文字狱案》，载《历史档案》2015 年第 4 期。

50. 吴亚林、王学：《中国传统教育哲学的精神气象》，载《教育研究与实验》2016 年第 1 期。

51. 姜龙、梁小东、姜平：《全身麻醉分子机制研究进展》，载《临床军医杂志》2016 年第 2 期。

52. 朱妍、林盼：《宗族修谱活动中的代际分化与青年人的利益诉求》，载《青年研究》2016 年第 6 期。

53. 罗康隆、朱晴晴：《清水江下游祠堂文化与地方社会秩序》，载《贵州民族研究》2017 年第 3 期。

54. 武志伟、马广海：《仪式重构与村落整合——以烟台市北头村祠堂修缮为例》，载《山东社会科学》2017 年第 3 期。

55. 于超、于建福：《合"自然"与"当然"为一的中国传统教育哲学》，载《教育研究》2017 年第 3 期。

56. 焦国成：《中国传统教育伦理理念及其主要话语》，载《江西师范大学学报（哲学社会科学版）》2018 年第 1 期。

57. 吴建勤：《儒学民间化形态的个案研究——以西南汉族移民孤岛为例》，载《中华文化论坛》2018 年第 1 期。

58. 李俊领：《"文治"与圣裔：国民政府对孔德成的借助及其困境》，载《抗日战争研究》2018 年第 2 期。

59. 张立文：《和合生活境界论》，载《江海学刊》2018 年第 5 期。

60. 靳浩辉：《农村社会治理视阈下祠堂文化与公共文化的互嵌与重构——以浙江省农村文化礼堂为例》，载《理论月刊》2018 年第 7 期。

61. 杨建基：《现代实验生物学奠基人——摩尔根》，载《生物学教学》2018 年第 10 期。

62. 杜成宪：《中国传统教育的现代意义》，载《人民教育》2018 年第 22 期。

63. 史连祥：《忠恕之道的生命解释》，载《人文天下》2019 年第 2 期。

64. 史连祥：《探寻"意义"的文化——格尔茨解释人类学文化理论的解读》，载《文化与传播》2019 年第 2 期。

65. 赵卫东：《儒家文化与中国人的生命底色》，载《孔子研究》2019 年第 3 期。

66. 王海珍：《孔德墉：〈孔子世家谱〉不仅是血缘，更是文化》，载《中华儿女》2020 年第 3 期。

67. 风笑天：《个案的力量：论个案研究的方法论意义及其应用》，载《社
    会科学》2022 年第 5 期。

十、网络资料

1. 《"第一家谱"续修记〈孔子世家谱〉即将开刷》，载 http://cul. sohu.
   com/20081013/n259989198. shtml。

2. 王海丞：《孔氏族谱：历代官方支持的"天下第一家"修谱记》，载 ht-
   tp://www. feng0762. com/thread-11816-1-1. html。

3. 《乾隆实录卷之一千二百二十六卷》，载 http://www. cssn. cn/sjxz/xsjdk/
   zgjd/sb/jsbml/qslqlcsl/201311/t20131120_847377. shtml。

4. 孔德墉：《修谱维系血脉 孔府千年梦想》，载 http://www. 100jiapu. com/
   newsview. php？id=87。

5. 《吴姓家谱，吴姓族谱介绍》，载 https://wu1. zupu. cn/xinwen/17508. jhtml。

6. 至圣孔子基金会：《天下第一家谱修纂 八岁宗主担纲总裁》，载 http://
   www. kongjia. org/web/gzjb/20180515/1392. html。

7. 楼宇烈：《继承传统文化不要轰轰烈烈 而要不绝如缕》，载 http://
   news. sina. com. cn/o/2018-05-30/doc-ihcffhsv4387313. shtml。

8. 杨义堂：《〈大孔府〉第十四章 圣公府连倾楹柱 陶夫人临终托孤》，载
   http://www. jnnews. tv/p/691595. html。

十一、外文资料类

1. Friedrich Schleiermacher, *Hermeneutics*：*The Handwritten Manuscripts*, Mis-
   soula, MT：Scholars Press, 1977.

2. Richard E. Palmer, "Beyond Hermeneuties? Some Remarks on the Meaning
   and Scope of Hermeneuties", *University of Dayton Review*, No. 17（1984）.

3. Susan Gal, "Language and Political Economy", *Annual Review of Anthropolo-*

gy，No. 18（1989）.

4. Catherine Bell，*Ritual Theory*，*Ritual Practice*，Oxford：Oxford University Press，1992.

十二、未刊资料类

1. 2009 年《孔子世家谱续修颁谱典礼》光盘专集。

2.《孔府档案》，曲阜文物管理委员会孔府档案馆藏。

3.《孔子故里与祭孔大典》光盘。

4. 曲阜孔庙藏碑。

后记一

这本著作乍眼一看平平无奇，却是我和我的学生们近十年专注于挖掘中国传统教育基因的成果。由于中华文化源远流长，而又著述篇幅有限，未能将探究中国传统教育基因的全貌立体化地呈现给读者诸君，但其主旨、内涵、方法、主要观点基本已囊括于内。

在这样一个高度重视中华优秀传统文化的传承发展的时代中，传统文化的要素结构和精神内涵是许多教育学者、文化学者一直持续关注的热点。笔者虽才疏学浅，但依然想参与其中，与理论工作者进行学术对话和沟通，发出一点属于自己的声音。中国传统教育内容丰富，作为一名教育史研究学者，选择民国《孔子世家谱》撰修仪式为个案进行研究，应当是一个不错的可操作的路径选择。《孔子世家谱》记述了孔子以降的整个家族发展史，世代延续不断，其中蕴涵的教育意义结构丰富复杂。基于此，研究《孔子世家谱》撰修仪式，能够在一定程度上揭示出中国传统教育基因的存在形态。

本著作能于中国传统教育基因研究工作有一定的推进，无疑是许多人关心、支持的结果。在这里，我要向他们表示真挚的感谢。

　　首先感谢胡保利教授！没有他鼎力的支持与无私的奖掖，这本著作的面世是不可能的。此外，还感谢吴洪成教授、秦玉清博士！他们作为中国教育史方向的导师，对本书的著述提供了良多的指导意见。感谢中国政法大学出版社冯琰老师！她专业而敬业的职业素养，使本书许多讹误消弭于无形。这种负责的精神深深地感动着我。是为后记。

　　　　　　　　　　　　　　　　　　　　王喜旺

　　　　　　　　　　　　　　　　　　　2023 年 10 月 11 日

后记二

　　本书是在我硕士论文的基础上修改而成的。呈现给读者这样的一个选题，大概缘于两点：第一，恩师王喜旺教授多年来致力于中国文化与教育、中国现代大学史、大学文化的研究，恩师之学识渊博、与众不同的人格魅力总令人不胜感慨，由此将我引进教育与文化研究的大门之中。探索中国传统教育中的教育基因、中国传统文化与教育的深层次意义结构，是我一直秉承师训的不懈追求。第二，是一个头脑中依然挥之不去的执念，以敬畏生命之心、以生命关怀已经过往的生命。"生命"话题，其实成果已很为浩繁，但阐述研究者、研究对象二者均需怀有生命意识的研究仍不多见。因此，我选择民国《孔子世家谱》撰修仪式作为研究对象，以此考察生命共同体的存在结构和形塑机制。在研究中，也力图将文化、生命的视角贯穿于全部，或至少也用生命关怀的意识来审视历史上的每一项文化活动和教育活动。

　　"光景不待人，须臾发成丝。"三年的研究生时光转瞬即逝。回望三年的生活，平常心和自然心是主色调。踏入校门肇始，荣幸之心又油然而生：一是承蒙恩师不弃，得以师从王喜旺教授；二是步入教育与文化研究领域的新殿堂。

　　撰写最后的致谢词，对我而言，难度不亚于正文中的任何一个章节。导师王喜旺教授给予的深情厚谊，即便是再华丽的辞藻，也难以表达其中一二。恩师一贯秉承的"只把金针度与人"的优秀教学品质，严谨的治学研究态度，精益求精、一丝不苟的工作作风，甚至小到恩师的遣词造句、撰文思维，对我的影响正如同"随风潜入夜、润物细无声"，并且这些影响必将是深远的、持久的、终身的。三年，白驹过隙，总感觉尚未学得恩师本领之万一，可以说是意犹未尽。其实，日常生活、学习生活，恩师是无处不在的。始终忘却不了的还是恩师的入门语："尽管你年龄比较大，但不要着急，一步一步往前走，终能有一番作为"，并列举教育学研究大家为例激励我。事实上，我治学之路的正式开端、步入学术殿堂之门，每一次微微的进步（从研究范式、研究范围、研究方向、研究框架、研究设计，最终到论文结稿），都离不开恩师的点拨，都凝聚着恩师的心血。恩师之恩，我谨记心间，没齿不忘。

　　还要感谢给我很多关心的老师：朱文富老师、吴洪成老师、何振海老师、田山俊老师、刘奉越老师、荣艳红老师、张宛老师、秦玉清老师、卜然然老师。尽管没有在其门墙，但诸位老师仍以深挚的爱心予我以谆谆教诲、无私关爱。尤其在论文方面，诸位老师总会不厌其烦地解答任何问题。老师们的诲人不倦、言传身教、无私无隐，这种智慧、人格深深地感染和激励着我。在此，表示由衷的感谢！

　　当然，论文能够顺利完成，也离不开同学、朋友和一些单位的大力支持，对此一并深表感谢，分别是：

本研究离不开许多基层单位的支持。至圣孔子家谱研究中心提供了诸多方便。曲阜市档案馆、曲阜市图书馆、曲阜师范大学图书馆、曲阜师范大学孔府档案中心，为本研究提供了丰厚的参考资料。可以说，他们的支持是本研究得以顺利完成的基础。尽管是一面之缘，甚至叫不出他们的名字，但我还是向他们表达谢意，一份发自内心的谢意。

我的同门、同学、舍友、朋友，三年来，正是他们广泛的理解和帮助促成了本书的结晶，我不会忘记这些由理解、合作和帮助建架起来的友谊桥梁。

最后，感恩父母。常年身处远方的我，本应到了成家立业、孝敬父母的年龄，但最终还是需要父母的嘘寒问暖和无上支持。是的，如果没有父母的鼎力支持，我的研究生生涯或许永远只是个遥远的梦想。家人默默地支持和无私地奉献，目前也许只能化为我不断勇攀高峰的动力和力量。

三年的研究生生活终将逝去，未来的学术研究之路将会更为漫长。这一切都将成为历史的记忆，然而又将是新的开始，这或许就是人生的选择。用一个故事作为最后的结束语吧。"新西兰登山家希拉里，在登上珠穆朗玛峰后，经常被记者问一个问题：'你为什么要爬?'他总不回答。于是记者总是追问，终于又一次，他答出了一个让所有人都无法再问的答案：'因为它，就在那里!'"也许，会有很多人追问："人活着有什么意义?"真的，有一些问题本不需要理由。有时候，我们摆脱不了命运造化，也会面临很多的人生选择。与其这么迷惘和虚度，不如按照自己的方式，用生命静默地倾听自己，度过一生，成败谁来凭，这也许就是个人的生存意义和唯一的成功之策。

史连祥

2023 年 10 月 10 日

图书在版编目（CIP）数据

民国《孔子世家谱》撰修仪式的教育文化阐释 / 王
喜旺，史连祥著. -- 北京 : 中国政法大学出版社，
2024. 8. -- ISBN 978-7-5764-1537-7

Ⅰ. K820.9

中国国家版本馆 CIP 数据核字第 2024874EQ3 号

出　版　者　中国政法大学出版社

地　　　址　北京市海淀区西土城路 25 号

邮寄地址　北京 100088 信箱 8034 分箱　邮编 100088

网　　　址　http://www.cuplpress.com (网络实名：中国政法大学出版社)

电　　　话　010-58908289(编辑部) 58908334(邮购部)

承　　　印　固安华明印业有限公司

开　　　本　880mm×1230mm　1/32

印　　　张　9

字　　　数　180 千字

版　　　次　2024 年 8 月第 1 版

印　　　次　2024 年 8 月第 1 次印刷

定　　　价　55.00 元